特別支援学校教育実習ガイドブック

インクルーシブ教育時代の教員養成を目指して

編著…遠藤愛・宇田川和久・髙橋幸子

学苑社

はじめに

　皆さんは、"特別支援学校教諭免許を取得すること"にどんな思いや目的をもっていらっしゃるでしょうか。障害のある児童生徒への支援や教育に強い関心がある方、今後の教員に求められる技術として特別支援教育を学びたいという方も多くいらっしゃることでしょう。一方で「1つでも免許・資格は多い方がよい」「教員採用試験合格に有効かもしれない」といった理由で免許取得を希望されている方も少なくないと思います。実際に、特別支援学校教諭免許を取得している学生の多くは、特別支援学校ではなく、基礎免許状を活かして通常の学校に就職しているとの調査結果もあります。

　現在、特別支援学校に通う児童生徒の数は増加しており、多くの自治体で特別支援学校を増設しています。このような状況を鑑みても、特別支援学校の教員は、社会的にも高いニーズのある職種の1つといえるでしょう。しかし通常の学校の現場においても、発達障害等特別な配慮を要する児童生徒の支援ニーズが高まっており、近年そのための支援体制が整備されつつあります。皆さんは通常の学校の教員になった時、校内の特別支援教育を推進する要として、通級や特別支援学級の担任、特別支援教育コーディネーター等の役職を任されることもあるのです。つまり「特別支援学校教諭免許」を取得しているということは、通常の学校の現場において「こうした役目をこなす上で期待される人材」として映るものでもあるのです。

　また、様々な経験を経て、教職以外の職につくことを望まれる方もいらっしゃるかもしれません。このような選択をした場合でも、一般企業や公共施設等生活全般において、障害のある方やそのご家族とかかわる機会をもつこともあるはずです。インクルーシブ社会を実現するためには、こうした一般社会において、障害のある方を理解しともに過ごしていくことを自然に捉えられる人の存在がとても大事なのです。

　特別支援教育は"場所"を特定するものではありません。特別支援学校の教育実習での経験や学びは、「教職」という特定の範囲にとどまらず、社会全般を豊かにしていくための大切な学びになるはずです。ぜひ特別支援学校の教育実習では、こうした意義を踏まえながら、視野を広げて参加していただくことを願っています。そして本書が、皆さんの教育実習での体験や学びを後押しできる助けになれば幸いです。

遠藤　愛

目　次

はじめに　　1

イントロダクション
特別支援学校の基本的情報をおさえよう ………………………………………5

—————— 第 **1** 部 ——————
基礎知識編
特別支援学校について知ろう

第 **1** 章 **特別支援学校ってどんなところ？**

1　特別支援教育とインクルージョン ………………………… 14
2　特別支援学校とは……………………………………………… 17
3　特別支援学校に求められる役割 ………………………… 20
　コラム　1 「特別支援学校のセンター的機能」の具体的な取り組み　23

第 **2** 章 **特別支援学校の教育課程**

1　特別支援学校の教育課程 ……………………………………… 26
2　個別の教育支援計画と個別の指導計画………………………… 33
3　特別支援学校における「自立活動」の指導……………………… 36
　コラム　2 **特別支援学校は必要ない？**　41

第 2 部
実習・実践編
教育実習の準備と実践

第3章 **教育実習の流れと基本的枠組み**

1 教育実習の依頼方法 …………………………………… 46

2 実習校に関する情報収集 ……………………………… 47

3 オリエンテーション …………………………………… 48

4 教育実習の基本的ルール（服装・身だしなみ等）………… 51

5 教育実習中の出勤・欠席について …………………… 53

6 教育実習中の体調管理 ………………………………… 54

7 教育実習のスケジュール ……………………………… 55

8 個人情報とセキュリティ ……………………………… 56

コラム 3 養成校の事前指導——見学・参加実習　58

第4章 **教育実習における学びの視点**

1 授業上の工夫を捉えるための観察のポイント（環境構成）……… 60

2 児童生徒の実態を捉えるための観察のポイント ……… 63

3 特別支援学校の1日の流れ …………………………… 66

4 実習生の疑問解消！　教育実習Q&A ………………… 69

コラム 4 教育実習における心配事や気になることへの対処　74

第5章 **実習日誌**

1 実習日誌の目的 ………………………………………… 76

2 実習日誌の記入上の注意点 …………………………… 78

3 深い学びに向けた実習日誌の活用 …………………… 80

4 実習日誌における教員とのやりとり ………………… 84

第6章 **研究授業と学習指導案**

1 特別支援学校の学習指導要領のポイント……………… 86

2 研究授業の準備 ………………………………………… 89

3 学習指導案の書き方 …………………………………… 91

4 研究協議の目的と参加姿勢 …………………………… 104

コラム 5 埼玉県の「支援籍学習」　106

第 3 部
事後指導編
教育実習の振り返りと進路選択

第7章　教育実習後の手続きと振り返り

1　お礼状の送付……………………………………………… 112

2　教育実習の事後指導を受ける前に ……………………… 114

3　事後指導時における学びのポイント …………………… 118

4　事後指導をその後に活かすために ……………………… 119

第8章　インクルーシブ教育に向けて

1　特別支援学校の実習経験を教育実践に活かす視点 …………… 122

2　交流及び共同学習……………………………………… 123

3　ユニバーサルデザインと個別的配慮 ……………………… 124

　　コラム　6　教育は人なり　126

資料　現職者の先生からのメッセージ

知的障害特別支援学校（幼稚部）……………………………… 130

小学校　知的障害特別支援学級 …………………………… 131

中学校　自閉症・情緒障害特別支援学級……………………… 132

小学校　通級による指導 …………………………………… 133

中学校　通級による指導（特別支援教室）…………………… 134

高等学校　通級による指導………………………………… 135

小学校　特別支援教育コーディネーター…………………… 136

おわりに　137

引用・参考文献　138

イントロダクション

特別支援学校の基本的情報をおさえよう

特別支援学校の教育実習に関する学びを進めていくにあたり、地域の特別支援教育の学びの場について、基本的な情報を押さえておきましょう。

① 特別支援教育を行う場について

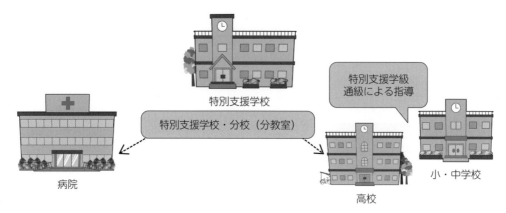

特別支援学校

　障害のある児童生徒に対して、障害による学習・生活上の困難を克服し自立を図る教育を行う学校のこと（詳細は第1章）。

- 多くは都道府県立の特別支援学校ですが、ほかに、市立、国立大学附属、私立の特別支援学校があります。
- 多くの学校に小学部、中学部、高等部が設置され、中には幼稚部が設置されている学校もあります。こうした学校では、**早期からの一貫した教育支援**を行うことができる仕組みとなっています。
- 幼稚園・小学校・中学校・高等学校と同様、特別支援学校にも、これら通常の教育との連続性を意識した学習指導要領があります。
- 幼稚部については、視覚障害・聴覚障害の特別支援学校に設置されていることがほとんどです。知的障害特別支援学校の幼稚部の設置は、令和3年段階で公立・私立・大学附属を含め全国で12校となっています。
- 知的障害特別支援学校では、**職業教育に特化した高等部単独の特別支援学校**があります。このタイプの特別支援学校は、一般に軽度の知的障害の児童生徒を対象としており、入学選考があります。特別支援学級や通常の学級に在籍していた生徒の中学卒業後の進路先の1つになっています。
- 分校とは、本校と分離して設けられる教育施設のことです。最近は、普通高校などに特別支援学校の分校を設置しています。分校設置の主な目的は、①障害のある生徒とない生徒が共に学ぶ機会の拡大を図り、インクルーシブ教育システムを構築すること、②特

別支援学校の生徒増に伴う教育環境の整備を進めることの２点です。

・病弱者を対象とした病院内の学びの場に「**院内学級**」があります。こちらは、病弱特別支援学校の分校、あるいは病弱・身体虚弱の特別支援学級の分教室として設置されています。

表　特別支援学校の種別と特徴

	種別	特徴
身体	視覚障害 特別支援学校	・視覚障害（全盲・弱視）を有する児童生徒が対象 ・点字及び通常文字の学習 ・幼稚部の設置あり ・高等部では普通科のほか、保健理療科、理療科、理学療法科、音楽科などの専門教育を主とする学科を設置
	聴覚障害 特別支援学校	・聴覚障害（ろう・難聴）を有する児童生徒が対象 ・手話及び日本語文法の学習 ・幼稚部の設置あり ・高等部では普通科のほか、理容・美容科、クリーニング科、情報科、機械科などの専門教育を主とする学科を設置
	肢体不自由 特別支援学校	・補装具などを使っても歩行や筆記といった日常の動作が困難な児童生徒や、医学的観察指導が常時必要な児童生徒が対象 ・医療や療育機関との密接な連携を図りながら、身体の動きに関する学習も行う ・医療型障害児入所施設や病院と併設又は隣接している場合がある
	病弱 特別支援学校	・慢性疾患のために長期にわたって医療又は生活規制を必要とする児童生徒が対象 ・病院や寄宿舎・自宅で療養する児童生徒のための訪問教育あり ・病院に分校や分教室を設置しているケースが多く、健康状態に応じて学習の場所を選択することが可能
知的	知的障害 特別支援学校	・知的発達に遅れがあり、他人との意思疎通が困難で、日常生活や社会生活への適応に困難を抱える児童生徒 ・高等部単独設置あり ・高等学校での分校・分教室の設置が増加

特別支援学級（固定学級）

　障害のある児童生徒に対し、小学校、中学校等において、障害による学習上又は生活上の困難を克服するために設置される学級のこと。

・児童生徒一人ひとりに応じた教育を行うために小・中学校に設置された少人数の学級です。１学級の人数の標準は８人とされています。
・「自閉症・情緒障害」「知的障害」「肢体不自由」「弱視」「難聴」「病弱者及び身体虚弱」「言語障害」の７つの障害種別の学級があります。特別支援学級の多くは、「自閉症・情緒障害」と「知的障害」の学級がほとんどを占めています。
・特別支援学級では「小・中学校の教育課程」を基本に「**特別の教育課程**」を編成するこ

とができます。「特別の教育課程」とは、①自立活動、②当該学年及び下学年の各教科の目標や内容、③知的障害特別支援学校の各教科のことです（詳細は第2章26ページ）。

・特別支援学級に在籍する児童生徒と通常の学級の児童生徒は、ともに必要な教科や行事などを行う「**交流及び共同学習**」を行うことが推奨されています。

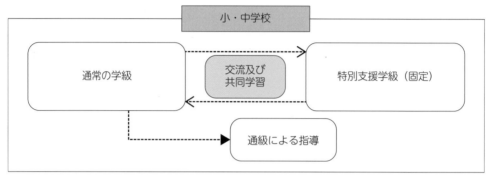

図　通常の学校における特別支援教育の場

通級による指導

・小学校、中学校、高等学校などで、通常の学級での学習や生活におおむね参加でき、一部特別な指導を必要とする児童生徒に対して、将来の自立に向けて、障害の状態に応じた特別な指導を行います。

・通級による指導を利用する児童生徒は、通常の学級に在籍しています。

・指導する内容や時間数・時間帯については、児童生徒や保護者のニーズ、地域や学校の事情を踏まえながら決めていきます。

・必ずしも在籍校に通級があるとは限らないため、他校に設置されている通級に通う（**他校通級**）こともあります。

・通級の担当教員は、児童生徒本人への特別な指導だけでなく、対象の児童生徒が通常の学級でより適切なかかわりや配慮を受けられるよう、在籍学級の担任や関係者との連携を積極的に行います。

・最近では、通級が設置されていない学校に「特別支援教室」という支援ルームを設置する自治体がでてきています。これは、通級の担当教員が各学校に巡回し、対象の児童生徒に指導を行う形態をとるため、他校通級の際に生じていた保護者の送迎の負担が少なくなります。

・平成28年より、高等学校にも通級による指導を導入する方針が打ち出されました。その後、各高校の実情に応じて、様々な通級による指導の実践モデルが示されています。

② 特別支援学校における教室運営

チーム・ティーチング

　特別支援学校では、児童生徒一人ひとりの教育的ニーズを踏まえた授業を展開するために、多くの学級が**複数担任制**です。2人以上の教員がチームを組み、児童生徒の教育に当たる協力型の授業組織として**チーム・ティーチング（Team Teaching）**という考え方が重視されています。

　授業を行う際には、授業を進行し取り仕切る**メインティーチャー（MT）**と授業の補助をする**サブティーチャー（ST）**の主に2つの役割があります。メインティーチャーは、児童生徒の前に立ち授業を進行します。サブティーチャーは授業の補助を担当し、特に配慮が必要な児童生徒へ個別に支援をしたり、メインティーチャーがスムーズに進行できるように教材の準備を行ったりします。通常の学級での教育実習を体験した人からすると、サブティーチャーの動きについて、戸惑う方が多いかもしれません。サブティーチャーを行う上で重要なことは、①メインティーチャーの動きをよくとらえること、②授業の目的や意図を理解すること、③児童生徒一人ひとりの実態や個別目標を理解し、必要な支援・指導ができるよう心がけることの3点です。また、児童生徒にとって楽しい授業となるよう、明確なリアクションをとり楽しい雰囲気を創り出すこともサブティーチャーの大切な役割となります。

　実習の最初の週、実習生はこのサブティーチャーの役割を実践することになります。研究授業ではもちろんメインティーチャーを実習生が行いますので、実習の後半は授業を進行する実践を積み重ねることになります。通常の学級の研究授業とは異なり、チームの教員とともに授業を作り運営するので、一人で抱え込まず、同じチームの教員と相談・協議を重ねながら授業を構築しましょう。また、チームの教員に過度に依存せず「授業の主体者」であるという意識をもつことが大切です。学習指導案は、サブティーチャーとなる教員と授業の目的や進行、児童生徒の個別目標を共有し、それぞれ役割分担を明確にしながら支援・指導にあたるために活用されることを意識しましょう。

肢体不自由や病弱の特別支援学校での教室運営の工夫

　肢体不自由や病弱の特別支援学校では、障害の程度が重い児童生徒が多く在籍しているため、学級により多くの教員が配置されています。身体介助や個別的な支援をすることが多くなるため、1人の児童生徒と特定の教員の関係が近くなります。これは、教員との信頼関係を作り児童生徒に安心感が生まれるというメリットがある反面、同じ教員とのやりとりが続くと、児童生徒の環境が均一化し、体験の幅が狭くなってしまうというデメリットもあります。また障害の程度が重い児童生徒の場合、自らの意思を伝えることが難しいため、児童生徒が発するサインをつぶさにとらえていく必要もあります。そのため、週に必ず一度は学級の教員で打ち合わせを行い、その週の振り返りと来週の授業計画を話し合うという取り組みをしている学校もあります。児童生徒の行動や変化をつぶさにとらえ、必要ならば児童生徒の担当を変えるなど、様々な工夫を行います。

基礎知識編
特別支援学校について知ろう

第 **1** 部

特別支援学校って
どんなところ？

第 1 章

1

特別支援教育とインクルージョン

1 特別支援教育について

　特別支援教育は、平成19年4月1日から施行された**「学校教育法等の一部を改正する法律（平成18年法律第80号）」**（以下「改正学校教育法」という）により法的に規定されました。それまで、障害のある児童生徒の教育については、盲・聾・養護学校や特殊学級（旧名称）、通級による指導などの、いわゆる特別な「場」において行われていました。しかし、この改正学校教育法の施行により、障害のある児童生徒の教育については、通常の学級を含め、在籍する学校や学級で、その「教育的ニーズ」に応じて行うことになりました。

　さらに文部科学省は、上記の法規定の後、以下のような理念を示しています。

　特別支援教育は、障害のある幼児児童生徒への教育にとどまらず、障害の有無やその他の個々の違いを認識しつつ様々な人々が生き生きと活躍できる共生社会の形成の基礎となるものであり、我が国の現在及び将来の社会にとって重要な意味を持っている。

※特別支援教育の推進について（通知）」（19文科初第125号）

> 今後の我が国の教育の方向性を示しています

　これはそれまでの特殊教育にはなかった価値観、とでも言うべき理念です。こうした理念が示されたことについては、それまでの、障害のある児童生徒の教育などに携わった多くの先達から受け継がれた、実践の成果であると受けて止めています。

　このことは、近年の学習指導要領の改訂にあたっての節目となった以下の法令でも明らかです。

　……このような情報化時代においては、人間にとって、コンピュータや機械で置き換えることのできない志、創造性、感性等が一層重要になります。……しかし一方では、これまでの教育で十分に力を伸ばし切れていない子供たちがいるのも事実です。このような子供たちに、一人一人の状況に応じて、その力を最大限伸ばすために必要な教育を提供するという視点に立つことが重要です。

※平成28年5月20日教育再生実行会議第9次提言「全ての子供たちの能力を伸ばし可能性を開花させる教育へ」より

　本提言では、「1．多様な個性が生かされる教育の実現」の冒頭にて、「発達障害など障害のある子供たちへの教育」が挙げられています。

ワーク ここまでの学びをまとめてみましょう

①特別支援教育とは社会においてどういう意義をもっていますか？
②特別支援教育において障害のある児童生徒の教育の場はどこですか？

　さて、すべての教員の指針である「学習指導要領」の前文には、以下のような文言があります。

> 　これからの学校には、こうした教育の目的及び目標の達成を目指しつつ、一人一人の児童生徒が、自分のよさや可能性を認識するとともに、あらゆる他者を価値のある存在として尊重し、多様な人々と協働しながら様々な社会的変化を乗り越え、豊かな人生を切り拓き、持続可能な社会の創り手となることができるようにすることが求められる。

　ここで求められていることを実現させていくためには、特別支援教育に携わる皆さんが、特別支援教育の教育的価値をしっかり認識し、これまでの成果を大切にしながら、その継承と発展に最大限の力を注いでいかなくてはならないでしょう。そして、こうした教育の実現こそが、現在、国を挙げて取り組んでいる「**インクルーシブ教育システム**」の実現につながるということを認識する必要があるといえます。

② インクルーシブ教育システムについて

　さて、「インクルーシブ教育システム」については、平成24年7月23日に中央教育審議会初等中等教育分科会からの報告のあった「共生社会の形成に向けたインクルーシブ教育システム構築のための特別支援教育の推進」において、以下のように述べられています。

> 　「インクルーシブ教育システム」とは、（障害のある児童生徒と障害のない児童生徒が）同じ場で共に学ぶことを追求するとともに、個別の教育的ニーズのある幼児児童生徒に対して、自立と社会参加を見据えて、その時点で教育的ニーズに最も的確に応える指導を提供できる、多様で柔軟な仕組みである。
>
> ※平成24年中央教育審議会初等中等教育分科会
> 「共生社会の形成に向けたインクルーシブ教育システム構築のための特別支援教育の推進」

　つまりインクルーシブ教育システムとは、障害のある児童生徒と障害のない児童生徒が共に学び成長でき、一人ひとりの可能性を最大限に発揮する教育のことです。では、なぜ、こうしたシステムが重要なのでしょうか。このことは、「1. 共生社会の形成に向け

て」の「(1) 共生社会の形成に向けたインクルーシブ教育システムの構築」の「「共生社会」と学校教育」に示されています。

（1）共生社会の形成に向けたインクルーシブ教育システムの構築
「共生社会」と学校教育

　学校教育は、障害のある幼児児童生徒の自立と社会参加を目指した取組を含め、「共生社会」の形成に向けて、重要な役割を果たすことが求められている。その意味で、共生社会の形成に向けたインクルーシブ教育システムの構築のための特別支援教育の推進についての基本的考え方が、学校教育関係者をはじめとして国民全体に共有されることを目指すべきである。

（2）インクルーシブ教育システム構築のための特別支援教育の推進
・特別支援教育は、子ども一人一人の教育的ニーズを把握し、適切な指導及び必要な支援を行うものであり、この観点から教育を進めていくことにより、障害のある子どもにも、障害があることが周囲から認識されていないものの学習上又は生活上の困難のある子どもにも、更にはすべての子どもにとっても、良い効果をもたらすことができるものと考えられる。

※平成 17 年 12 月 8 日中央教育審議会答申「特別支援教育を推進するための制度の在り方について」

　このことは、学校全体で特別支援教育を推進することにより、いじめや不登校を未然に防止する効果が期待されるだけでなく、すべて児童生徒の確かな学力の向上や豊かな心の育成にもつながるということを改めて指摘しているといえます。

2 特別支援学校とは

　前述の改正学校教育法は、その公布にあたり文部科学省から発出された**「特別支援教育の推進のための学校教育法等の一部改正について（18文科初第446号）」**の通知を提示しました。ここでは、特別支援学校制度の創設の目的として、児童生徒等の個々の教育的ニーズに柔軟に対応し、適切な指導及び必要な支援を行う観点から、複数の障害種別に対応した教育を実施することができる点を挙げています。つまり、特別支援学校とは、これまでの、盲学校、聾学校、養護学校といった障害種別の教育を行う学校ではなく、より障害のある児童生徒に対する教育の専門性を有する学校として、小・中学校や高等学校等からの要請に応じて、そこに在籍する児童生徒の支援を行う等、特別支援教育の中核を担う新たな学校としてスタートを切ったのです。また、「留意事項」として、「児童生徒等ができる限り地域の身近な特別支援学校に就学できるようにすること」という内容が示されています。前節でも触れましたが、特別支援学校制度とは、「共生社会の形成の基礎」となる特別支援教育を着実に実践する制度であるべき、といえるでしょう。

　さて、それでは、特別支援学校を規定した**学校教育法**の中身をみていきたいと思います。特別支援学校に関する規定は、第72条から第76条までが中心となる規定になります。その内容は次の通りです。

第72条　特別支援学校は、視覚障害者、聴覚障害者、知的障害者、肢体不自由者又は病弱者（身体虚弱者を含む。以下同じ。）に対して、幼稚園、小学校、中学校又は高等学校に準ずる教育を施すとともに、障害による学習上又は生活上の困難を克服し自立を図るために必要な知識技能を授けることを目的とする。

第74条　特別支援学校においては、第七十二条に規定する目的を実現するための教育を行うほか、幼稚園、小学校、中学校、義務教育学校、高等学校又は中等教育学校の要請に応じて、第八十一条第一項に規定する幼児、児童又は生徒の教育に関し必要な助言又は援助を行うよう努めるものとする。

第76条　特別支援学校には、小学部及び中学部を置かなければならない。ただし、特別の必要のある場合においては、そのいずれかのみを置くことができる。
②　特別支援学校には、小学部及び中学部のほか、幼稚部又は高等部を置くことができ、また、特別の必要のある場合においては、前項の規定にかかわらず、小学部及び中学部を置かないで幼稚部又は高等部のみを置くことができる。

　1つずつみていきましょう。まず、第72条についてです。ここでは、特別支援学校の対象となる障害種及び特別支援学校で行う教育の目的が規定されています。対象となる障害種については、いわゆる「5障害」となる視覚障害、聴覚障害、知的障害、肢体不自

由、そして病弱が示されています。多くの方は、ここで"障害ごとにそれぞれの学校種別に児童生徒を割り当てるんだな"と思われるかもしれません。その後文部科学省から発出された**「学校教育法施行令の一部改正（平成 25 年 9 月 1 日）」**を見ると、そうではないことが読み取れます。

「平成 24 年 7 月に公表された中央教育審議会初等中等教育分科会報告「共生社会の形成に向けたインクルーシブ教育システム構築のための特別支援教育の推進」において、<u>「就学基準に該当する障害のある子どもは特別支援学校に原則就学するという従来の就学先決定の仕組みを改め、</u>障害の状態、本人の教育的ニーズ、本人・保護者の意見、教育学、医学、心理学等専門的見地からの意見、学校や地域の状況等を踏まえた総合的な観点から就学先を決定する仕組みとすることが適当である。」との提言がなされたこと等を踏まえ、学校教育法施行令について、所要の改正を行う。」

※学校教育法施行令の一部改正について（通知）」（25 文科初第 655 号）

下線部に注目しましょう。ここに示されているように、障害のある児童生徒については該当種別の特別支援学校に就学する方がよいという考え方は改めるべきということです。

　障害種の中に「病弱」とありますが、この表現には「身体虚弱」を含んでいることを理解しておいてください。小・中学校の特別支援学級の障害種では、「病弱・身体虚弱」と表現されています。特別支援学校の対象としては、障害の程度がより重度であるといった考えから、「病弱」という表現になっています。

　次に第 74 条についてです。この部分は特別支援学校の教育の目的が規定されている大変重要な部分です。ここでは、<u>特別支援学校は、特別支援教育の中核を担う学校として、通常の教育はもちろんのこと、そうした教育と併せ、「障害による学習上又は生活上の困難を克服し自立を図るために必要な知識技能を授ける教育」</u>を実施するものであるということを示しています。教育課程上の話になりますが、この「障害による学習上又は生活上の困難を克服し自立を図るために必要な知識技能を授ける教育」とは、「自立活動」であり、指導の形態としての「各教科等を合わせた指導」ということになります（第 2 章 27 ページ参照）。すなわち、特別支援学校の先生方には、通常の教育課程の理解はもちろん、それと併せて障害のある児童生徒に対する専門的な指導力が求められることになります。このことをしっかり理解しておく必要があります。

　次に第 76 条です。第 72 条に規定されているように「特別支援学校は、視覚障害者、聴覚障害者、知的障害者、肢体不自由者又は病弱者に対して、幼稚園、小学校、中学校又は高等学校に準ずる教育を施す」学校であることから、基本的には、義務教育段階の児童生徒、つまり小学校や中学校段階の生活年齢相当の児童生徒のための小学部や中学部を設

置する必要があることを規定しています。併せて、第2項として、就学前の幼児や、中学校卒業後の生徒が通学するための高等部の設置について規定しています。障害のある児童生徒については、小学校就学前の早い段階から高等部卒業後まで、教育や保健、福祉、医療、労働等の関係機関が連携した支援が極めて重要であり、また、障害の特性等を踏まえた一貫した支援が重要であることは言うまでもありません。こうしたことから、特別支援学校には、その教育の専門性を発揮し、小学部や中学部、高等部間の連携による一貫した支援を行える環境が整っているともいえるといえます。さらに、特別支援学校の専門性から、通常の教育との連結も視野に入れた、職業教育に特化した知的障害特別支援学校高等部単独校の設置や、後期中等教育段階におけるインクルーシブ教育の取り組みとしての知的障害特別支援学校高等部分校や分教室の設置、平成30年度から制度化された高等学校における通級による指導を充実させるための取組としての知的障害特別支援学校高等部分校の整備拡充など、あらゆる形態の特別支援学校の整備が、各都道府県単位で進んでいることも事実です。

　しかしながら、特別支援学校における教育環境の整備拡充の取り組みについては、障害のあるなしにかかわらず共に学ぶことを追求するというインクルーシブ教育システムの理念とは相反する部分もあるといわざるを得ません。特別支援学校が「不足しているからつくる」といった考えではなく、障害のあるなしにかかわらず、児童生徒の将来の姿、将来を担う児童生徒像といったものをイメージしながら、企画・設計していかなくてはならないことだと考えています。

ワーク **考えてみましょう**

・インクルーシブ社会を作っていく上で、特別支援学校を増設することのメリットとデメリットについて自分の考えを記入してみましょう。
・その後グループで意見を出し合い、話し合いをしてみましょう。

3

特別支援学校に求められる役割

　特別支援学校に求められる役割を知るために、特別支援教育が規定された平成19年4月1日の改正学校教育法の施行時に文部科学省から発出された通知、**「特別支援教育の推進について」**（以下「推進通知」という）の最初に書かれてある「特別支援教育の理念」を確認していきましょう。なぜなら特別支援学校は、特別支援教育の中核を担う学校といえます。そこで改めてこの推進通知に書かれてある「特別支援教育の理念」をみてみましょう。

　　特別支援教育は、障害のある幼児児童生徒の自立や社会参加に向けた主体的な取組を支援するという視点に立ち、幼児児童生徒一人一人の教育的ニーズを把握し、その持てる力を高め、生活や学習上の困難を改善又は克服するため、適切な指導及び必要な支援を行うものである。……**【基本的な考え方】**

　　また、特別支援教育は、これまでの特殊教育の対象の障害だけでなく、知的な遅れのない発達障害も含めて、特別な支援を必要とする幼児児童生徒が在籍する全ての学校において実施されるものである。……**【対象となる児童生徒】**

　　さらに、特別支援教育は、障害のある幼児児童生徒への教育にとどまらず、障害の有無やその他の個々の違いを認識しつつ様々な人々が生き生きと活躍できる共生社会の形成の基礎となるものであり、我が国の現在及び将来の社会にとって重要な意味を持っている。……**【果たすべき役割】**

※【　】内は筆者

※平成19年　「特別支援教育の推進について」より抜粋

　理念は3つの内容から成っており、直接的に「果たすべき役割」を示しているのは、下線部で示した部分だと捉えています。非常に崇高な考え方で締めくくられています。特別支援教育とは、「共生社会の形成の基礎となる教育であることは前節でも述べましたが、ここでは特に「我が国の現在及び将来の社会にとって重要な意味を持っている」教育であるということに注目すべきです。

　推進通知によれば、特別支援学校は、障害のある児童生徒のみならず、障害のない児童生徒にとっても教育的な効果を発揮する学校でなくてはならないのです。具体的には、障害のある児童生徒に対する教育ができることは当たり前、それに加えて、基礎免許状に求められる専門性を獲得していることも必須です。さらには、障害のある児童生徒と障害のない児童生徒が共に学ぶことができる教育を具体的に提供できる学校でなくてはならないということだと考えています。極めて専門性の高い教育が求められる訳ですが、これが、特別支援学校が真に果たすべき役割であると考えています。その根拠は改正学校教育法の第74条になります。

第74条　特別支援学校においては、第七十二条に規定する目的を実現するための教育を行うほか、幼稚園、小学校、中学校、義務教育学校、高等学校又は中等教育学校の要請に応じて、第81条第1項に規定する幼児、児童又は生徒の教育に関し必要な助言又は援助を行うよう努めるものとする。

※「改正学校教育法」より抜粋

　このような、特別支援学校が果たすべき「地域の特別支援教育のセンターとしての役割」のことを「**センター的機能**」といいます。このセンター的機能については、平成17年12月8日に中央教育審議会から答申のあった「特別支援教育を推進するための制度の在り方について」で、具体的な内容が示されています。その内容をみてみましょう。

　(2) センター的機能の具体的内容
　いかなる形態の特別支援学校（仮称）をどのように配置していくかについては、各都道府県等において検討されるべきものであるため、センター的機能についても、すべての特別支援学校（仮称）が制度的に一律の機能を担うこととするのは現実的ではなく、各学校の実情に応じて弾力的に対応できるようにすることが適当である。なお、盲・聾・養護学校における先進的な事例を踏まえ、特別支援学校（仮称）に期待されるセンター的機能を例示すれば、以下のとおりである。

　ア　小・中学校等の教員への支援機能
　イ　特別支援教育等に関する相談・情報提供機能
　ウ　障害のある幼児児童生徒への指導・支援機能
　エ　福祉、医療、労働などの関係機関等との連絡・調整機能
　オ　小・中学校等の教員に対する研修協力機能
　カ　障害のある幼児児童生徒への施設設備等の提供機能

※「特別支援教育を推進するための制度の在り方について」（平成17年12月8日）より抜粋

　重要なのは、特別支援学校（設置者を含め）がこの内容をどのように捉え、実践していくかにあると考えています。特に重要なのが、ウの「障害のある幼児児童生徒への指導・支援機能」です。前節で述べたように、明らかな障害がなくとも「特別の支援を必要とする」児童生徒に対しても特別支援教育を行うものとするという内容です。つまり、ウの解釈は、アの内容も踏まえ、通常の学級に在籍している「特別の支援を必要とする」児童生徒に対しても特別支援教育を行うものとするということです。

　では、「特別支援教育を行う」とはどういうことでしょうか。悩ましいのは、「指導・支援機能」という表現です。この「指導・支援」については、20ページに掲載した【基本的な考え方】の「適切な指導及び必要な支援」*に該当する部分であると考えることができます。

以上述べてきたように、通常の学級に関する学級経営に関しても、指導・支援する役割が特別支援学校にはあるということです。真の共生社会の実現を目指すには、特別支援学校のセンター的機能のこうした役割について各特別支援学校（設置者を含む）には正しく捉えていただき、都道府県と市町村が協働して特別支援教育の推進に取り組まなくてはならないと考えています。

＊特別支援学校の教員が、学校教育法第74条のとおり、要請に応じて、他の小・中学校等に在籍している児童生徒に直接指導ができるのかという問題があります。ポイントは、「要請に応じて」です。小・中学校等の教員の要請に基づき行う、対象の児童生徒に対する直接的な指導であれば、法律には抵触しないというのが一般的な解釈だと理解してください。

　我が国の「社会福祉の父」と言われる糸賀一雄先生は、「精神薄弱児＊の生まれてきた使命があるとすれば、それは『世の光』となることである。親も社会も気づかず、本人も気づいていないこの宝を、本人の中に発掘して、それをダイヤモンドのように磨きをかける役割が必要である。そのことの意義に気づいてきたら、親も救われる。社会も浄化される。本人も生き甲斐を感ずるようになる。謙虚な心情に支えられた精神薄弱な人々の歩みは、どんなに遅々としていても、その存在そのものから世の中を明るくする光がでるのである。単純に私たちはそう考える。精神薄弱な人々が放つ光は、まだ世を照らしていない。」と表現しました。

　糸賀一雄先生の思いを直接聞いたわけではありませんが、我々障害のある児童生徒と長年共にしてきた経験のある者の多くは、この糸賀一雄先生の表した言葉は、正に、特別支援教育の理念を表したものにほかならないと考えています。

　皆さんがインクルーシブ社会を作る上でこれから取り組まれることも、後世に引き継がれるこうした歴史の1ページになるかもしれませんね。

＊当時の表現であり、現在でいう知的障害のこと

「特別支援学校のセンター的機能」の具体的な取り組み

僕は特別支援学校の先生になりたいと思っています。特別支援学校では、在籍の児童生徒や家族だけでなく、地域の特別支援教育を推進するための取り組みを行うことが求められていることがわかりました。ですが、センター的機能を果たすために、特別支援学校は具体的にどのような取り組みをするのですか？　また実践する上での留意点など、教えてください。

　特別支援学校には、共生社会の形成の基礎となる教育を実践することが求められています。障害のある児童生徒に対する専門的な指導や支援の実施はもとより、通常の学級に在籍する発達障害を含めた特別な支援を必要とする児童生徒に関する指導や支援、そしてより重要なのは、障害のあるなしにかかわらず共に学ぶことができる教育活動の実施や教育環境の整備に向けての指導や支援です。こうしたことを特別支援学校全体で実践していくことが大切です。ですから、本校のセンター的機能は、特別支援教育コーディネーターのA先生が実践してくれているとか、自立活動部のB先生が実践してくれているとか、特定の先生がセンター的機能を担うということは本来の姿ではありません。在籍する児童生徒の指導の問題等から、こうした学校が多いということは理解していますが、これでは、共生社会の形成に向けた特別支援教育を推進する特別支援学校の本来の役割は果たすことができないと考えています。

　私が校長として着任した学校の取り組みを紹介します。その特別支援学校は、新設校として、地域の特別支援教育を推進する学校としてスタートしました。開校当初から、学校全体で地域のセンター的機能を果たしていこうということで、先生方のこれまでの経験と持ち味（専門性）を活かした地域支援と併せ、在籍する児童生徒の保護者による地域支援に取り組みました。また、自立活動部を中心として、発達に気がかりのある就学前の乳幼児とその保護者を対象とした「親子教室」にも取り組みました。先生方の持ち味（専門性）を活かしたセンター的機能は、特別支援教育コーディネーターが調整役となり、障害のある児童生徒に関する相談や研修の支援だけでなく、交流及び共同学習（支援籍学習）の企画立案、地域企業への出前清掃活動、高校への出前授業の実施など、それぞれの先生方の得意分野での地域支援が行えるよう、全教職員の共通理解のもとに実施しました。もちろん、こうした先生方には、積極的に校内における経験の浅い先生方の指導や支援にもあたっていただきました。また、保護者による地域支援については、PTA組織に「地域

支援部」を創設し、組織的に保護者の居住地域における相談活動などに取り組んでいただきました。

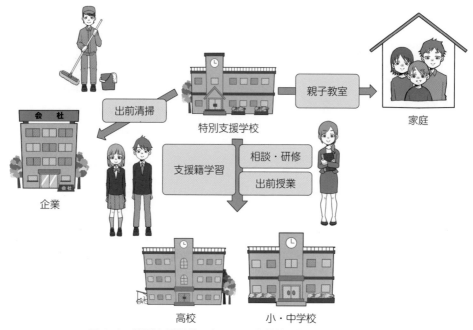

出前清掃

特別支援学校

親子教室

家庭

会　社

企業

支援籍学習

相談・研修

出前授業

高校

小・中学校

図 1-1　特別支援学校のセンター的機能の取り組みの実践例

　最後になりますが、改めて、センター的機能は特別支援学校全体で取り組んでいくことが重要だということです。その際、近隣の特別支援学校と連携して取り組んでもいいでしょう。近くに他の障害種の特別支援学校があればなおさらです。組織的な取り組みは、教職員一人ひとりの指導力向上に確実につながっていきます。チーム特別支援学校づくりが共生社会の実現につながっていくはずです（図1-1）。

特別支援学校の教育課程 第 2 章

ワーク　考えてみましょう

特別支援学校（知的障害）の時間割から考えてみましょう。
通常の学校とどういう点が異なるでしょうか？　それはなぜでしょうか？

表2-1　小学部2年生　日課表

	月	火	水	木	金
9：00 9：55	全校朝会	日常生活の指導（着替え、係・当番活動）			
	着替え	体育（体つくり運動）		自立活動	
10：00 10：25	朝の会				
10：25 11：05	課題学習 （自立活動）	課題学習 （自立活動）	生活 （生活単元）	課題学習 （自立活動）	課題学習 （自立活動）
11：05 11：45	音楽	国語／算数	生活 （生活単元）	国語／算数	図工
11：45 13：15	日常生活の指導（給食準備・給食・片付け・歯磨き）				
	昼休み（遊びの指導）				
13：15 13：55	日常生活の 指導 帰りの会	学級活動	日常生活の 指導 帰りの会	自立活動 清掃	日常生活の 指導 帰りの会
14：00 14：40	下校	日常生活の 指導 帰りの会	下校	日常生活の 指導 帰りの会	下校

表2-2　高等部　日課表

	月	火	水	木	金
9：00 10：00	日常生活の指導（登校、着替え）				
	自立活動（運動）　　ホームルーム				
10：00 10：25	国語／数学／総合的な学習の時間				
10：25 11：55	作業学習				
12：00 13：00	日常生活の指導（給食準備・給食・片付け・歯磨き等）				
13：00 13：45	音楽	美術	作業学習	保健体育	課題学習 （自立活動）
13：50 14：30	課題学習 （自立活動）	LHR （ロングホームルーム）	職業／家庭	課題学習 （自立活動）	道徳
14：35 15：00	日常生活の指導（清掃、着替え）　　ホームルーム				

みんなの気づき、疑問から ────────────→ それはなぜかな？

- ・「朝の会」や「体育」等帯状に設定されている → ・毎日同じ流れだとわかりやすい

- ・「日常生活の指導」に多くの時間が充てられている
- ・「給食」の時間が長い
→ ・生活のために必要な技能を身につけることを大切にしている

- ・「社会」や「理科」がない
- ・「作業学習」「遊びの指導」とは何か
- ・「自立活動」とは何か
→ ・自立を目指す学習を行う
- ・一人ひとりの子どもの実態に応じた指導を行う枠組み

教科課程とは、学校教育の目的や目標を達成するために、教育の内容を児童生徒の心身の発達に応じ、授業時数との関連において総合的に組織した学校の教育計画

「特別支援学校学習指導要領」には、特別支援学校の教育課程を編成する際の基準が示されています。詳しくみていきましょう。

① 特別支援学校の教育の目標は？（学校教育法第 72 条と連動）

①小学校教育（幼稚園教育・中学校教育・高等学校教育）の目標
②障害による学習上又は生活上の困難を改善・克服し自立を図るために必要な知識、技能、態度を養う

1）幼稚園・小学校・中学校・高等学校（以下、小学校等）と共通の目標

　小学校等の学習指導要領に掲げられた各教科等の目標の達成を目指します。**「準ずる教育」**と呼ばれる部分の目標です。第 1 章（17 ページ参照）でも強調されたことですが、特別支援学校の教育も通常の教育と同じ目標をもって取り組まれるということです。

2）自立を図るための目標

　しかし、特別支援学校に入学する児童生徒は、障害による学習や生活において様々な困難を有しています。その困難を克服して、一人ひとりの能力や可能性を伸ばし、社会に参加し自立していくために必要な力を養うことを目指すという目標も不可欠です。
　障害のある児童生徒が、それぞれのもつ可能性を開花し「自立」に向けて主体的に生きることを目指して各学校では具体的に目標を掲げています。

ワーク　調べてみましょう

自分がお世話になる実習校は、どんな教育目標を掲げているか、ホームページ等から確認してみましょう。

② 教育課程の編成① （視覚障害、聴覚障害、肢体不自由、病弱）

　教育目標達成のために、教育課程が編成されます。知的障害以外の特別支援学校の教育課程は、小学校等に準じて各教科、特別の教科である道徳、特別活動、外国語活動、総合的な学習の時間のほか、**「自立活動」**で編成されます。

　小学校等に準じて実施する場合も、児童生徒の実態に合わせて編成することができます。内容の取扱いについては、必要に応じて加えたり順序を変えたりする工夫が認められており、学年も2学年を見通した編成が可能です。

　高等部については、例えば視覚障害の特別支援学校には「理学療法科」が設定されている等、学校の障害種別や、高等部単独の特別支援学校等のスタイルによっても設定されている科が変わります。

③ 教育課程の編成② （知的障害）

1）教育課程の内容

　知的障害の特別支援学校においては、通常の小学校、中学校と異なる枠組みで編成されています（表2-3）。しかし、同じ教科名であっても、通常の小学校等とは内容が異なります。知的障害の教科は学年別ではなく、段階別になっており、児童生徒の発達や理解の状況に合わせて内容を選択することができます。小学部が3段階、中学部が2段階、高等部が2段階となっています（特別支援学校学習指導要領解説「各教科等編」を参照）。

　高等部は各学科に共通する各教科等の科目は同様に履修することとされていますが、「外国語」や「情報」等生徒の学習状況から必要に応じて設けることとされています。また、高等学校では設けられていない「特別の教科　道徳」が設定されている点が特筆されます。専門学科においては、設置されている専門学科に対応した「家政」「農業」「工業」「流通・サービス」「福祉」のほか、学校の特色を活かした科目設定が求められています。

表 2-3　　教育課程の違い

	小学校	知的障害小学部
各教科	国語	国語
	社会（3年以上）	
	算数	算数
	理科（3年以上）	
	生活（1、2年）	生活
	音楽	音楽
	図画工作	図画工作
	家庭	
	体育	体育
	外国語（5、6年）	
領域別の指導	特別の教科 道徳	特別の教科 道徳
	特別活動	特別活動
		自立活動
	外国語活動	（外国語活動）＊
	総合的な学習の時間	

	中学校	知的障害中学部
各教科	国語	国語
	社会	社会
	数学	数学
	理科	理科
	音楽	音楽
	美術	美術
	保健体育	保健体育
	技術・家庭	職業・家庭
	外国語	外国語
領域別の指導	特別の教科 道徳	特別の教科 道徳
	特別活動	特別活動
		自立活動
	総合的な学習の時間	総合的な学習の時間

＊必要があれば第3学年以上が履修可能

ワーク　考えてみましょう

様々な種別の特別支援学校のホームページを調べ、高等部に設置されている専門学科を比較してみましょう。

2）各教科等を合わせた指導について

　知的障害特別支援学校における教育課程の特徴として、**「各教科等を合わせた指導」**の形態があります（図2-1）。これは知的障害のある児童生徒の学習上の特性として学習によって得た知識や技能が断片的になりやすく、実際の生活の場で応用されにくいことがあるためです。教科等の枠組みにとらわれず、主体的な活動や実際の場面に即した具体的内容や体験を重視した教育課程の編成が認められています（学校教育法施行規則第130条第2項）。

　この指導形態は、各教科の要素を寄せ集めてつくるのではなく、学習活動には文脈がありまとまりがあるものとして「分けられない指導」ともいわれます。

　一方、学習指導要領改訂にあたり、小学校等の教育との連続性が重視され、「各教科等を合わせた指導」（表2-4）においても、各教科等との関連を明確にすることがより一層望まれています。

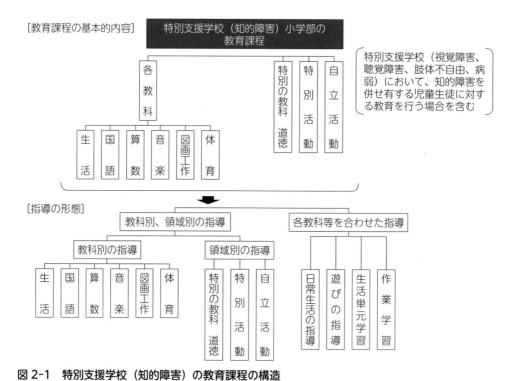

図 2-1　特別支援学校（知的障害）の教育課程の構造

出典：文部科学省（2016）平成 28 年 2 月中央教育審議会教育課程部会特別支援教育部会（第 6 回）資料 5
　　　知的障害のある児童生徒のための各教科に関連する資料より．

表 2-4　各教科等を合わせた指導の内容

指導の形態	指導のねらい等	具体例
日常生活の指導	児童生徒の日常生活が充実し、高まるように日常生活の諸動作を適切に指導する形態。この指導では、広範囲に各教科等の内容が扱われる。	着替え、排泄、食事等基本的生活習慣 朝の会
遊びの指導	遊びを学習活動の中心に据えて取り組み、身体活動を活発にし、仲間とのかかわりを促し意欲的な活動をはぐくみ、心身の発達を促していく。	自由な遊び 設定遊び
生活単元学習	児童生徒が生活上の目標を達成したり、課題を解決したりするために、一連の活動を組織的に経験することよって、自立的な生活に必要な事柄を実際的・総合的に学習する。	行事単元（運動会、学習発表会、宿泊学習等） 季節単元 交流単元等
作業学習	作業活動を学習の中心にしながら、児童生徒の働く意欲を培い、将来の職業生活や社会自立に必要な事柄を総合的に学習する指導の形態。	農耕、園芸、紙工、木工、窯業、印刷、調理、食品加工等

出典：「特別支援学校学習指導要領解説各教科等編（小学部・中学部）」を引用改変

　表 2-5 のように、朝の会の一連の活動の中には、様々な教科の学びが組み入れられています。教育実習では、各授業の名称にとらわれず、その内容をとらえて、どのような教科の要素が入っているかに注目しましょう。

表 2-5　朝の会の学習要素

学習活動	各教科等の目標設定
挨拶　朝の歌	自立活動　国語　生活　音楽
今日の日付	自立活動　生活　算数
天気の確認	生活
呼名　人数数え	自立活動　国語　算数
リズム体操	自立活動　体育　音楽
絵本　紙芝居	国語
今日の予定	自立活動　国語
当番の確認	自立活動　生活

④ 教育課程編成におけるポイント

1）障害の特性や発達の段階への配慮

　特別支援学校に在籍する児童生徒は障害の状態は様々で、個人差も大きく多様性に富んでいます。障害の特性を考慮しそれぞれの発達段階を的確に捉えて教育課程の編成を行うことが目指されます。児童生徒の生活年齢と興味・関心の所在等に配慮することも大切です。

2）学校の実態の把握

　教育課程の編成においては、学校がどのような規模でどのような地域に設立されているのか、教職員の状況や在籍児童生徒の実態等の人的環境はどうか、施設設備等の物的環境等も考慮する必要があります。教育課程の編成は、学校の独自性が反映されるものであると同時に、常にカリキュラム・マネジメントに努めることが求められています。

3）地域の実態を考慮

　特別支援学校のある地域は都市、農村、漁村等、それぞれに産業や経済、文化等の特色があります。また、地域の教育資源や学習環境も異なります。地域の実情をよく理解して教育目標の設定や学習内容の選定を行うことが重要です。それが地域と連携し、よりよい教育活動を展開することにつながります。

⑤ インクルーシブ教育と教育課程

1）学習指導要領改訂

　インクルーシブ教育システム構築を目指す方向性の中で、学習指導要領が改訂されまし

た。特別支援学校を含むすべての校種の学習指導要領が共通の基本的考え方のもとに編成されました。そのキーワードを示すと次のようになります。

・『社会に開かれた教育課程』
・『育成を目指す資質・能力』
　「知識・技能」
　「思考力・判断力・表現力」
　「学びに向かう力・人間性」
・『主体的・対話的で深い学び』
・『カリキュラム・マネジメント』

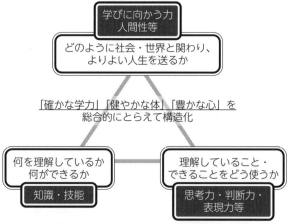

図2-2　育成すべき資質・能力の3つの柱
出典：文部科学省（2016）平成29・30・31年改訂学習指導要領（本文解説）改訂のポイント」. https://www.mext.go.jp/a_menu/shotou/new-cs/1384661.htm

2）連続性のある「多様な学びの場」の1つとして

　様々な児童生徒が同じ場で共に学ぶことをめざすとともに、最も的確に教育的ニーズに応える指導を提供できることが必要です。そのためには多様な場を整備するとともに必要に応じて行き来できる連続性のある柔軟な仕組みが求められます。

　知的障害特別支援学校の教育課程において、「教科別の指導」が重視されるようになった背景の1つと考えられます。

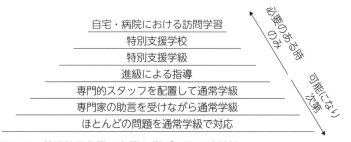

図2-3　義務教員段階の多様な学びの場の連続性
出典：文部科学省（2012）「共生社会の形成に向けたインクルーシブ教育システム構築のための特別支援教育の推進（報告）参考資料4.

カリキュラム・マネジメント
　多角的視点から実態把握を行い、それに基づく教育課程の編成、実施と評価、改善を行い、充実した教育活動を展開し、常に質の向上を図る取り組みです。

個別の教育支援計画と個別の指導計画

　特別支援学校では、児童生徒一人ひとりに対して、担任教員が「個別の教育支援計画」と「個別の指導計画」を作成します。さて、これらは何のために必要なのでしょうか？その役割と違いについて、考えてみましょう。

① 「個別の教育支援計画」とは？

　他機関との連携を図るための長期的な視点に立った計画です。一人ひとりの障害のある児童生徒について、乳幼児期から学校卒業後までの一貫した長期的な計画を学校が中心となって作成します。作成に当たっては関係機関との連携が必要となります。策定に当たっては保護者の参画や意見等を聴くこと等が求められています。「個別の教育支援計画」は本人の願い、障害による困難な状況、支援の内容、生育歴、相談歴等、児童生徒の成長と発達を支える事項について、本人・保護者も含めた関係者で情報共有するためのツールです（図 2-4）。書式は各自治体、学校によって異なります。実習校ではどのような書式で作成されているか調べましょう。

　学校入学前、学校卒業後は「個別の支援計画」として福祉機関や就労機関が中心となって作成します（図 2-5）。関係機関が連携して「個別の支援計画」と「個別の教育支援計画」が円滑に引き継がれることが大切なポイントです。「個別の教育支援計画」を共有し、実際の指導場面につなげるために「支援会議」が開催されることもあります。

　特別支援学校においては、「個別の教育支援計画」を考慮して指導グループ別の教育課程編成を行う等の工夫が必要となります。

出典：国立特別支援教育総合研究所 「個別の教育支援計画」の策定に関する実際的研究（平成 16～17 年度プロジェクト研究）p17

図 2-4　「個別の教育支援計画の内容」
出典：文部科学省（2020）初めて通級による指導を担当する教師のためのガイド．p17．初等中等教育局 特別支援教育課

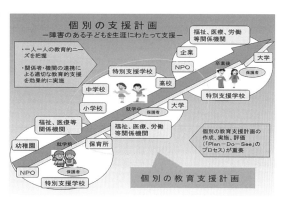

図 2-5　生涯にわたって活用される個別の支援計画

②　「個別の指導計画」

　「個別の指導計画」は、個に応じて日々の指導を行うためのきめ細かい計画です。幼児児童生徒一人ひとりの教育的ニーズに対応して、指導目標や指導内容・方法を盛り込みます。単元や学期、学年ごとに作成され、それに基づいて教科や自立活動等の指導が行われます。

　個別の指導計画を作成することにより、教育課程を具体化し、指導の目標、内容、方法を明確にすることができます。また、各教科等の指導において、担任教員と教科担当等と指導についての情報交換が容易になり、同じ目標に向かって、指導の手立てを共有したり、改善したりすることができます。具体例を見てみましょう。

個別の指導計画（実態把握表は別紙）

作成日	年　　月　　日
評価日	年　　月　　日
記入者	

○○特別支援学校小学部2年2組　　　　　名前　○山○子

今年度の重点目標 （長期目標）	・生活の中で一人でできることを増やす。 ・たくさん経験して小学部の生活を楽しむ。		
教科等	一学期の目標 （短期目標）	主な学習の機会／手だて	評価 （理由・次期の目標・願い）
自立活動	人間関係の形成：周囲の求めに応じる 環境の把握：対象を見て違いに気づく コミュニケーション：困った時に援助を伝える	・本児の強みを生かした係や当番活動を設定し役割を果たして達成感を得られるようにする ・様々な場面で選ぶ、比べる等の活動機会をもつ ・身振りやサイン、絵カード等のコミュニケーションツールの使用を練習するとともに、使う機会を設ける	
生活	・尿意を感じた時に自分でトイレに行ける。 ・身近な自然に関心を持つ	・当面、活動の切り替え場面で声かけし促す。徐々に個別のことば掛けを減らし、全体への呼びかけに移行する。 ・校庭や公園で虫探しをしたり、花壇の花の水やりをしたりする	
国語	・お話に親しむ ・文字に関心を持つ	・興味のある題材が描かれている絵本や紙芝居の読み聞かせを行う ・自分の名前や友達の名前、身の回りのことばについて、文字カードで示す機会を増やす	
算数	・5～10ピースの型はめができる。 ・形を見分けたり属性に気付いて仲間分けしたりする	・個別指導において、様々な型はめに取り組む ・個別指導や遊び時間のおもちゃの片付け等を通して見比べたり見分けたりする機会を設定する。	
音楽	・音楽に合わせて、体を揺らしたり楽器を鳴らしたりする	・自発的に声を出し体を動かすよう、大好きな曲を増やす。様々な楽器に触れて、音を楽しめるようにする。	
図工	・絵の具や粘土等様々な素材に親しむ	・好きな素材や道具を選んで、自由に表現する経験ができるようにする	
体育	・様々な場所を歩く、走る経験を増やす。	・サーキットではマットの上を歩く、段差のあるところを上り下りする、平均台を渡る等の運動を設定する。	
教科等を合わせた指導	「日常生活の指導」「遊びの指導」「生活単元学習」において、各教科と自立活動の目標の達成を目指す	・朝の会、毎日の着替え、排せつ、給食場面では本児の実態に合わせて段階的援助をおこなう。 ・生活単元「運動会」では、各教科のねらいから本児の個別の目標と関連させる。	

> 指導の結果、どれくらい目標が達成されたかを、保護者とも協議しながら記入します。

> 「自立活動」は教育活動全体で取り組まれます。
「自立活動」について別に「個別の指導計画」を作成する場合もあります。

> 知的障害の特別支援学校では「各教科別に行われる指導」と「各教科等を合わせた指導」があります。
個別の目標を意識して、いかに指導の機会を増やしていくかが大切なポイントです。

特別支援学校の授業づくりは、個別の指導計画に基づく目標設定からスタートします。計画（Plan）→ 実践（Do）→ 評価（Check）→ 変更・改善（Action）のサイクル（PDCA サイクル）で取り組まれることが重要です（図2-6）。

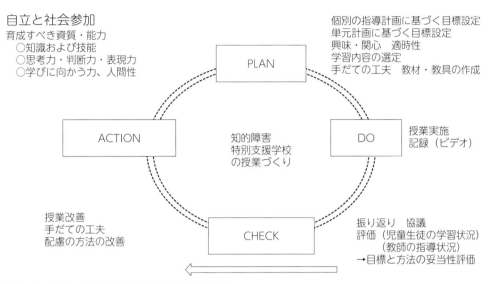

自立と社会参加
育成すべき資質・能力
　　○知識および技能
　　○思考力・判断力・表現力
　　○学びに向かう力、人間性

個別の指導計画に基づく目標設定
単元計画に基づく目標設定
興味・関心　適時性
学習内容の選定
手だての工夫　教材・教具の作成

PLAN

知的障害
特別支援学校
の授業づくり

ACTION

DO

授業実施
記録（ビデオ）

CHECK

授業改善
手だての工夫
配慮の方法の改善

振り返り　協議
評価（児童生徒の学習状況）
　　　（教師の指導状況）
→目標と方法の妥当性評価

図2-6　授業づくりにおける PDCA サイクル
出典：柳本雄次・河合康編著（2019）『特別支援教育第3版 ─ 一人ひとりの教育的ニーズに応じて』福村出版，p.190.

　これら2つの計画書は、特別支援学級、または通常の学級に在籍する障害のある児童生徒に対しても作成します。通常の学級の場合は特に、教育形態の違いがあるため、特別支援学校とは少し書き方や内容に違いも見られますが、基本的な理念や機能は同じです。

ワーク　調べてみましょう

「個別の教育支援計画」「個別の指導計画」の書式は各自治体、学校によって異なります。実習校ではどのような書式で作成されているか、調べてみましょう。

※多くの場合、実習校の属する都道府県の教育委員会のホームページに掲載されています。自治体独自の名称で表記している場合もありますので、注意して検索してみましょう。一方で、私立や国立大学附属の特別支援学校のように、書式を実習校独自に定めている場合もあります。実習校のホームページも確認してみましょう。

3

特別支援学校における「自立活動」の指導

「自立活動」とは、どんなことを学ぶのでしょうか？　特別支援学校では、どのように「自立活動」に取り組んでいるのでしょう？

1 自立活動とは？

「自立活動」は、特別支援学校の教育課程において特別に設けられた領域であり、障害のある児童生徒にとって、各教科や領域の学習を支える基盤となる指導領域といえます。

学習指導要領においては下記の通り、6 区分に 27 の項目が内容として示されています。

1　健康の保持
（1）生活のリズムや生活習慣の形成に関すること
（2）病気の状態の理解と生活習慣に関すること
（3）身体各部の状態の理解と養護に関すること
（4）障害の特性の理解と生活環境の調整に関すること
（5）健康状態の維持・改善に関すること

2　心理的な安定
（1）情緒の安定に関すること
（2）状況の理解と変化への対応に関すること
（3）障害による学習上又は生活上の困難を改善・克服する意欲に関すること

3　人間関係の形成
（1）他者との関わりの基礎に関すること
（2）他者の意図や感情の理解に関すること
（3）自己の理解と行動の調整に関すること
（4）集団への参加の基礎に関すること

4　環境の把握
（1）保有する感覚の活用に関すること
（2）感覚や認知の特性についての理解と対応に関すること
（3）感覚の補助及び代替手段の活用に関すること
（4）感覚を総合的に活用した周囲の状況の把握に関すること
（5）認知や行動の手がかりとなる概念の形成に関すること

5　身体の動き
（1）姿勢と運動・動作の基本的技能に関すること
（2）姿勢保持と運動・動作の補助的手段の活用に関すること
（3）日常生活に必要な基本動作に関すること
（4）身体の移動能力に関すること
（5）作業に必要な動作と円滑な遂行に関すること

6　コミュニケーション
（1）コミュニケーションの基礎的能力に関すること
（2）言語の受容と表出に関すること
（3）言語の形成と活用に関すること
（4）コミュニケーション手段の選択と活用に関すること
（5）状況に応じたコミュニケーションに関すること

自立活動の内容として示されている項目は、学習上又は生活上の困難を克服するための要素を分類・整理したものです。実際の指導を行う時の「指導のまとまり」ではないという点に留意しましょう。それらの要素を<u>個々の児童生徒のニーズに応じて選定し相互に関連付けて指導を行うこと</u>が求められます。

② 自立活動の指導における個別の指導計画

　自立活動の指導は、一人ひとりの障害の状態等に応じて行うものです。そのため、自立活動の指導を行う際には、一人ひとりの障害の状態や発達段階等を的確に把握し、適切な指導目標や指導内容を設定する等して「個別の指導計画」を作成する必要があります。

　個別の指導計画作成の手順は下記のように示されています（特別支援学校幼稚部教育要領・学習指導要領解説「自立活動編（幼稚部・小学部・中学部）」）。

---

①幼児児童生徒の実態把握
②指導目標（ねらい）の設定
③具体的な指導内容の設定
　・主体的に取り組む指導内容
　・改善・克服の意欲を喚起する指導内容
　・発達の進んでいる側面をさらに伸ばすような指導内容
　・自ら環境とかかわりあう指導内容
　・自ら環境を整える指導内容
　・自己選択・自己決定を促す指導内容
　・自立活動を学ぶことの意義について考えさせるような指導内容
④評価

　指導内容について、環境とのかかわり、自己選択や自己決定を促すことが盛り込まれています。この背景には、**ICF** の考え方、**障害者権利条約**の理念の浸透が考えられます。また、「強み」を活かした指導内容を工夫することや児童生徒が主体的、意欲的に自立活動に取り組むことが目指されている点も、特筆されます。

ICF
　「ICF（国際生活機能分類）」とは、日常生活を送る上で様々な「機能」が「相互に作用している」と捉える考え方です。障害は、個と環境との相互作用で規定されると考えられます。この機会に調べてみましょう。

③ 自立活動の指導時間の在り方について

自立活動は「学校における教育活動全体を通じて行う」こととし、「自立活動の時間を設けて指導する際にも、そのほかの各教科等と密接に関連付けて指導すべきである」とされています。視覚障害者、聴覚障害者、肢体不自由者、病弱者を対象にした特別支援学校においては、授業時間を設定して「自立活動」が行われることが多いですが、知的障害者、知的障害を合わせ有する重複障害者の教育課程では、「自立活動の時間」を設定せず、教育活動全体で取り組む場合が多い傾向にあります。

1）自立活動の時間における指導

時間割の中に「自立活動」の時間を設定し、「個別の指導計画」に基づいて一人ひとりの「自立活動」の目標に沿った学習を行います。時間を設けて行う場合には、個別指導の形で実施される場合が多く、個々の実態に合わせた適切な指導を行いやすいという背景があります。目標を達成する上で、グループや集団で取り組むことが効果的な場合には、多様な集団編成を行って取り組む場合もあります。

「自立活動」の時間での学びが基礎となり、教科別の指導や各教科等を合わせた学習場面、さらには生活の様々な場面に反映されることが大切です。

知的障害児の教育においては、日常生活や教科等の学習場面に自立活動の内容がちりばめられているとして、特別な時間を設けず、教育活動全体で取り組むことが重視されてきました。近年、時間を設けて行う場合も増えています。例えば、「4. 環境の把握（5）認知や行動の手がかりとなる概念の形成に関すること」の項目など、「個別の指導計画」に基づき、各自の目標に対応した学習課題に取り組む時間になっています。教材を使用しての認知学習やグループでの**ソーシャルスキルトレーニング**、**コミュニケーションツール**の活用等を1対1、あるいは少人数グループで実施しています（表2-6）。

表2-6　自立活動の指導の例

	自立活動の時間における指導例	対象区分
視覚障害教育	眼疾患の理解、点字の習得、触覚聴覚の活用、拡大読書器や弱視レンズの活用、歩行練習等	健康の保持　環境の把握　身体の動き等
聴覚障害教育	補聴器・人工内耳を活用した聴覚活用、発音・発語、コミュニケーション方法等	心理的な安定　環境の把握　コミュニケーション等
肢体不自由教育	機能訓練、姿勢の保持、コミュニケーションツールの活用、補装具の調整・活用等	健康の保持　身体の動き　コミュニケーション等
病弱教育	疾病の理解、身体面の健康維持、メンタル面の健康維持等	健康の保持　心理的な安定　人間関係の形成等
知的障害教育	感覚統合、認知課題学習、ストレッチ、体操、絵カードを通してのやり取り等	心理的な安定　環境の把握　身体の動き等

ワーク 調べてみましょう

あなたの実習校では、どんな自立活動を実践しているか、ホームページで調べてみましょう。また調べた指導内容は、上記の6領域のどの部分をあつかったものなのか、考えてみましょう。

2）教育活動全体を通して行う自立活動の指導

ここでは、自立活動の指導についてある日の日課から考えてみましょう（表2-7）。

1日の様々な授業の中に、自立活動の指導内容が盛り込まれています。各教科等の指導内容と重なる部分もあります。「個別の指導計画」が教育活動のあらゆる場面で意識され、指導の取り組みが展開されることがわかります。

表2-7　〇子さんのある日の日課と自立活動の指導機会

	登校 着替え、したく / 体育（体つくり運動） 9:00	朝の会 ・あいさつ ・呼名 ・歌 ・予定 9:55	「国語」 ・絵本 ・やりとり ・文字 「算数」 ・数量 10:25	「図工」 手、足、体を使って素材に触れ、親しむ（塗る、切る、ちぎる、貼る等） 11:05	給食 準備、手洗い、みじたく 食事、片付け 11:45	遊び 自由遊び 13:15	着替え、帰りのしたく 帰りの会 下校 14:00
健康の保持	身辺処理 ・脱衣 ・上着の着衣	<一日を通して> ・活動の区切り目でトイレに行く。 ・何らかのサイン表出をして排泄する。			身辺処理 生活習慣 ・手洗い ・歯磨き	・遊びの最中も促されたらトイレに行く。 ・遊具を安全に使用する。	
心理的な安定	・スケジュールカードを見て予定の確認をする ・朝の支度に集中する	・ルールや順番を守りながら友達と仲良く活動することを増やす。 ・声かけやカードの提示により次の動作にスムーズに移る。 ・好きな活動に集中する。			・自分の役割を果たす。 ・苦手な食べ物にチャレンジする。	・好きな遊びに集中する ・気持ちを切り替えて遊びを終了する	
人間関係の形成	・進んであいさつをする。	・名前を呼ばれたら返事をする。 ・友達や教員の名前を覚える。 ・相手の動きに合わせて自分も同じようにやろうとする。			・頼まれた手伝いをする。	・友達の遊びに関心を持つ	
環境の把握	・片付けの順序がわかる。 ・タオルの大小がわかる。	・シンボルの理解（名前カード、数字） ・順序を理解する ・数唱	・色・形の弁別。マッチングができる。	・活動の順序を理解する。	・1対1対応で配膳する。 ・系列の理解（〜食べたら〜） ・食器の分類がわかる。	・写真カードを手がかりに次の活動を見通す。	
身体の動き	・手指の微細な動きを行う。 ・全身を使っての運動体験を増やす。	・教師や級友の動きを見て同じように体を動かす。	・立つ、座る ・注視、模倣	・微細運動 ・手指の巧緻性 ・道具の使用	・スプーン、箸の使用	・遊具を使用して体を支えたりバランスをとったりする。	
コミュニケーション	・視線を合わせて挨拶をする。	<あらゆる場面で> ・写真や絵カードを教師に手渡したり、身振りや言葉を使ったりして、自分の思いやしてほしいことを伝える。 ・教師や友達の言葉をまねて話したり、一緒に声を出して発表したりする。			・アイコンタクト、指差し、サイン等でおかわり、ごちそうさまの意思表示を行う。	・遊びの終了の指示を理解する。 ・もう1回等の要求の表出と交渉を行う。	

おわかりのように、自立活動は、児童生徒一人ひとりの強みや課題を見極めて設定されるものであるため、通常の学級で使う教科書のようなスタンダード（またはマニュアル）はありません。つまり、児童生徒の実態を的確に捉え見立てる力、それらを段階的に目標づけて指導する計画力・実践力が必要になります。自立活動を構築する力は、まさに「特別支援教育の専門性」といえるでしょう。教育実習では、ぜひ実習校でどのように自立活動が行われているか注目してみましょう。

特別支援学校は必要ない？

　学校教育法第72条では、特別支援学校における教育の目的を①障害のある児童生徒に、幼稚園、小学校、中学校又は高等学校に準ずる教育を施すこと、②障害による学習上又は生活上の困難を克服し自立を図るために必要な知識技能を授けることとしています。

　わが国が「障害者の権利に関する条約」を批准するに当たり、内閣府に設置された「障がい者制度改革推進会議」において、この下線部の「準ずる教育」が大きな議論になりました。それならば「特別支援学校は必要ない」といった考え方を主張される方もいらっしゃいました。2010（平成12）年3月19日の「障がい者制度改革推進会議」の議事要録には、次のように記されています。

---

　1. この普通教育と異なる「準じる」教育という設置目的をどう考えるか

　　主な意見として、「準じる」は、一段低い、異なる教育を意味する。障害児を普通教育から排除する結果や、分離の根拠になる。障害者の権利条約の教育条項に違反する、差別に当たる可能性がある。削除するか抜本的に改正すべき。同等もしくは同格の教育という表現に変えるべき。普通教育に密接にリンクした教育を施すことが設置目的として掲げられるべき、などの意見。その他の意見として、「準じる」を同一または同等と解釈するか、より手厚い保護を意味すると解釈すれば問題ないとする意見もあり。

　2. この目的の設定は、障害者の権利条約の差別（第2条）に該当すると考えるか

　　主な意見は、差別に該当する（13名）、その恐れがある（1名）。その他の意見として、「準じる」を同等と解釈、または、普通教育と密接にリンクした教育であれば差別に該当しないという意見や、「準じる」は、個々の障害に応じ弾力的な教育課程を提供することになるため、必ずしも差別には該当しないという意見もあり。

　「準ずる」とは、ある辞書によれば「あるものを基準にしてそれにならう」「同様の資格で扱う」とあります。この議論がなされた時も、当時の内閣府の担当者は、法律上、「準ずる」とは「同じ」という意味として解釈して使われる用語であるとの説明をされました。

　ただ、現実的、実際的に、特別支援学校に在籍するすべての児童生徒に対し、通常の教育と同じ内容を同じ時間を使って指導できているのかについては、今後、インクルーシブ教育システムを構築していくにあたり、やはり課題があるでしょう。このことは、単に、同じ内容を同じ時間をかけてという「量的」な問題ではなく、同じ内容でも短時間で、又はさらに時間をかけた方がいいといった、指導の「質的」な問題だと捉えることが大切だ

ということです。つまり、もしかしたら、障害のある児童生徒に対する指導手法、即ち、特別支援教育の指導手法というものを活用したほうが、多くの児童生徒にとっても、よいのかもしれないということを含んだ問題として捉えるべきなのではないかと考えています。

　「特別支援学校は必要ない」という考え方の背景の1つには、極端な理念としての「**フルインクルージョン**」という考え方があります。「フルインクルージョン」とは、ゆるやかな連続的なインクルージョンではなく、どのような障害や多様性があっても、すべての子どもに通常の学校で教育を提供するといった理念です。例えばイタリアは「フルインクルージョン」を採用しており、特別支援学校は全廃、重い障害のある児童生徒も通常の学級でほかの児童生徒と一緒に学ぶ形式をとっています。

　ただ、このフルインクルージョンの考え方は、ちょっと間違えれば、「多様性」というものを全否定し兼ねない怖さを孕んでおり、教育という、児童生徒一人ひとりの可能性を最大限に発揮させるものとは反対側に行ってしまいかねないところがあると考えています。

　その理由として、伝統的な我が国の一様な「教育の形態」からの脱却がなかなか進まないということ、そして同様の現象が起こる危うさを孕んでいるということなのだと思います。そうした現象を起こさないようにするには、教員配置の仕組みや、それこそ、特別支援学校を廃止するといった教育の大改革が必要になるでしょう。

実習・実践編

教育実習の準備と実践

第 2 部

教育実習の流れと
基本的枠組み

第 3 章

1

教育実習の依頼方法

　特別支援学校で教育実習を行うためには、まずは特別支援学校に実習の内諾をとる必要があります。実習の内諾については、養成校がある程度橋渡しをしてくれる場合もあれば、すべて実習生が行う場合もあるでしょう。今回はすべての手続き実習生が行うことを前提に話を進めていきます。

　図 3-1 をご覧ください。直接特別支援学校へ電話連絡をすることから始まります。特別支援学校によっては、実習を行うための選考面接を行う場合があります。正式に実習を受け入れることになった場合には、オリエンテーションの日程調整を行い、オリエンテーションに移ります。その際、校長から実習校の現状や実習における心構え等のレクチャーを受

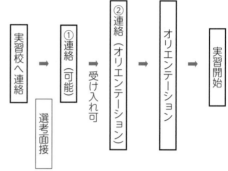

図 3-1　連絡方法と手順

けたり、実習校の担当者と細かい打ち合わせを行ったりし、実習に備えます。

実習校の実情

　特別支援学校は、未来の特別支援学校の教員の育成のため、労を惜しまず実習生に対して指導を行います。しかし、皆さんが丁寧に依頼をしても実習が可能にならない理由がいくつかあります。

　1 つは、できるだけ多くの実習生を受け入れたいという思いはあっても、学校行事の関係や指導体制が整わない事情等により、年間を通しても実習が可能な時期や人数が限られてしまうためです。

　もう 1 つは、実習に向かう姿勢・心構えの問題です。実習を希望する方の中には、「希望の就職先に入社できなかった時に臨時的任用の教員として働きたいので」等、教員志望ではなく、免許取得のためだけに実習を希望する人が少なくありません。

　特別支援学校をはじめ、対人援助の現場の先生方は、支援対象となる人たちの幸福実現のために日々努力を重ねています。実習生個人のメリットばかりが伝わってしまうと、人材育成のために一生懸命取り組んでいる指導教員にも失礼ですし、児童生徒にとっても迷惑です。特別支援学校の実習を希望する理由は人によって様々です。しかし、「教員になりたい」という強い意志と、障害のある児童生徒とのかかわりに対する情熱がないと、児童生徒の実態把握、指導案の作成、授業の実践等の課題をこなしていくことは大変な苦痛となるでしょう。「そうした課題をともにクリアしていけそうだ」と現場の先生方に思ってもらえるような態度と姿勢でのぞみましょう。

2 実習校に関する情報収集

　自身の実習校が決まった段階で、実習校のホームページを確認しておきましょう。まずは実習校の場所やアクセス方法です。特別支援学校の教育実習では、ほかの実習に比べて、皆さんの自宅から実習校が遠いこともあります。駅から遠い場合も多いので、公共交通機関の不具合があっても対応できるよう、複数の経路を調べておきましょう。実習校によっては、ホームページに、授業や行事の写真がアップされており、普段の様子を確認することができます。ほかにも、オリエンテーション等の実習に必要な情報が記載されていることがあります。事前にそのことが把握できていれば、重複した質問を避けることができます。

　さらに、実習校のホームページでは、学校概要や学校教育目標、障害種、学部数、児童生徒数、年間行事予定等、様々な情報を調べることができます。学校教育目標からは実習校で重要と考えられている学校の方針に触れることができます。障害種や学部、児童生徒数からは、自身が実習時にかかわる児童生徒のおおまかな特徴を把握することができます。年間行事予定からは、実際に実習を行う時期に児童生徒がどのようなことに取り組んでいるかが読み取れ、研究授業の計画に役立てられるかもしれません。ただし、ホームページが更新されていない場合があるので、注意しましょう。

授業や行事の様子がアップされており、普段の雰囲気を感じることができます。	学部ごとの1日の流れ等を確認できる場合があります。学部ごとの学級数や重複障害学級の有無等も確認できる場合があります。	ホームページのトップページ以外も確認しましょう。ページ上部等、タップできる箇所を探してみるといいでしょう。

トップページ	学校の概要	学部紹介	進路	教育相談	お問い合わせ	アクセス

○○県立□□特別支援学校

新着情報	
○年□日	○年度　小学部・中学部説明会について
○年□日	新型コロナウイルス感染症に関するお知らせ
○年□日	・・・・・・・・・・・・・・・・・・・・
○年□日	・・・・・・・・・・・・・・・・・・・・

新着情報には、ボランティアの募集のほか、実習校の普段の活動の様子を確認することができます。

3

オリエンテーション

　教育実習のオリエンテーションでは、配属学級や児童生徒の様子、実習期間中の予定、研究授業等の詳細について打ち合わせを行います。オリエンテーションに参加する前に、養成校から受け取っている必要な書類を整理し、確認すべき内容をまとめておきましょう。オリエンテーションの日程は、実習校から書類や電話で伝達されます（実習生が自分で実習校に電話連絡し日時を確認する場合もあります）。参加できるように、あらかじめ授業やアルバイトの予定を調整しましょう。

　オリエンテーションの日程がわかったら、必要な書類を揃えましょう。一般的に、誓約書、出勤簿、評価票、実習日誌、実習の手引き、健康確認表等が必要となります。養成校の授業や説明会で、事前訪問のための説明を聞き、何が必要なのかを確認しましょう。作成に時間のかかる書類もあるため、準備期間がどれほど必要か必ず検討しましょう。

1 オリエンテーション時の服装

　ほかの教育実習同様、オリエンテーションの服装は、黒や紺、グレー等の落ち着いた色のスーツが望ましいでしょう。実習校によっては事情により、通勤時にはカジュアルな服装を推奨されることもあります。その場合でも、清潔感のある服装を心がけましょう。**実習校にはもちろんスリッパがありますが、実習生の立場を忘れず、内履きを必ず持参しましょう。**

Yシャツ
白の無地を選びましょう。最低でも2着以上用意します。

髪型
パーマやカラーリングは避け、前髪をすっきりさせましょう。肩にかかる長い髪は束ねましょう。

ブラウス
白の無地を選びましょう。ボタンは上まで留めます。シワになりにくいシャツがおすすめです。

ネクタイ
青や赤、灰色の無地、ストライプ等のデザインを選びましょう。キャラクターの絵が入っているものは避けます。

スーツ
基本は黒や濃紺の無地を選びましょう。ポケットにはものを入れないようにしましょう。男性はボタンは上だけ留め、女性はすべて留めます。

バッグ
黒や茶色のシンプルなものを選びましょう。床に置いた時に倒れないものがよいでしょう。

ストッキング
ナチュラルなベージュがよいでしょう。予備は必ず用意しておきましょう。

靴
基本的に黒色の革靴です。靴紐が付いているものにしましょう。

靴下
黒や紺等のシンプルなものにしましょう。くるぶしソックスは肌が見えてしまうので避けましょう。

パンプス
黒色のシンプルなものにしましょう。ヒールの高いものや爪先の尖ったものは避けます。

2 オリエンテーション当日

オリエンテーションで伝えられる内容は実習校によって多少異なりますが、共通しているものも多くあります。基本的には実習校の担当者から説明を受けることになりますので、必ずメモを取り、わからないことは質問しましょう。

表3-1　オリエンテーションで伝えられる内容（例）

項目	具体的内容
実習校の概要、沿革	学校教育目標、学部目標、教育方針 教員構成、学部数、学級数、児童生徒の様子
実習日とタイムスケジュール	出勤日、出勤時間、退勤時間 行事予定、ボランティアの確認
実習の日程、学級	実習中の行事、配属学級
持ち物や服装	養成校から指示されている書類、筆記用具 通勤時、実習時の服装、内履き
実習日誌の提出方法	提出場所、提出時間、提出方法
実習校の児童生徒の様子	配属学級の児童生徒の興味関心、好み、普段の様子
研究授業の計画	研究授業の予定、科目の指定の有無 指導案のフォーマット、現在の授業内容
必要な経費の支払い	給食費、支払い方法
諸注意	交通手段、感染対策等

オリエンテーションは、ほかの実習生と合同で行われる場合と個別に行われる場合があります。自己紹介がありますので、事前に話す内容を考え、練習しておけるとよいでしょう。その後、全体での打ち合わせがあり、校内の見学をした後、配属学級の指導教員と打ち合わせが行われます。指導教員との打ち合わせでは、上記の表の内容に関して確認漏れがないようにしましょう。

管理職挨拶	管理職の先生から実習生への挨拶や励ましがあります。
↓	
実習生自己紹介	氏名・養成校名称・配属学級・意気込み等を伝えます。
↓	
教育実習概要説明	実習校の概要や沿革、教育方針、諸注意等が伝達されます。
↓	
校内見学	実際に校内を歩いて見学します。実習校の立地や教室配置を確認しましょう。
↓	
指導教員との打ち合わせ	配属学級の指導教員と、児童生徒のことや研究授業のことを話します。

③ 指導教員との打ち合わせ

　配属学級の指導教員との打ち合わせでは、学級の様子や研究授業について確認を行います。特に、研究授業についての希望を尋ねられた時に回答できるよう準備しておけるとよいでしょう。打ち合わせの際に、確認できるとよいことは以下の通りです。

- **児童生徒の学年・人数**
  学年や人数によって、用意する教材の量や内容が決まります。研究授業が配属学級以外の学級で行われる場合もあるので確認しましょう。
- **障害種と障害の程度**
  研究授業の活動の大まかな水準を決める際に必要な情報です。
- **配属学級の雰囲気**
  配属学級で流行っていること、児童生徒の好きなこと等が確認できると、研究授業の内容や進行を決めるのに役立ちます。
- **研究授業の単元**
  研究授業を行う単元は指定されていることもあれば、一定の範囲の中で実習生が選択できる場合もあります。必ず確認しておきましょう。
- **現在行われている授業**
  配属学級で行われている授業の様子が確認できれば、研究授業をイメージしやすいです。
- **実習の時期に予定されている授業**
  研究授業がすでに配属学級で行っている内容との重複を避けることができます。
- **研究授業の大まかな内容**
  研究授業で実施したい内容があれば、事前に考えておき、指導教員にイメージを伝えましょう。詳細に決まっていなくともいいので、自分が実践したいこと等を3つ程度考えておけるといいでしょう。
- **指導案の書式**
  実習校で指定されている書式を確認しましょう。書式の見本をいただける場合もあります。

教育実習の基本的ルール（服装・身だしなみ等）

実習中は基本的には、ジャージ等の動きやすい服装で構いません。しかし、時と場合によって正装する必要がある場面もあります。事前のオリエンテーションや実習校の担当者から服装については指導があると思うので、確認が必要です。

1 出退勤時

出勤・退勤時は、スーツ等の正装が望ましいです（詳細は 48 ページ）。実習校に出入りするということは、周囲の人から見ると学校関係者です。出退勤時に児童生徒や保護者に見られることもあります。学校に出勤するのにふさわしい服装として、スーツであれば間違いはありません。実習校によっては、スーツ以外の服装でも構わない場合もあると思いますが、実習をさせていただくということを考えると正装で臨むことで、気持ちも整います。

2 指導中

指導中は、正装から動きやすいジャージ等に着替えます。基本的にはジャージで指導は行いますが、例外もあります。例えば、高等部の進路指導を行う際、外部講師を招いて授業を行う場面があります。そういった場面では、生徒はもちろん制服に着替えて臨みますので、教員も正装で揃えます。外部講師を招聘する際は、事前にアナウンスがあると思いますが、出退勤がスーツであればすぐに対応できます。指導内容によって服装を整える必要があります。

3 研修等

実習中に実習生向けに研修を行う場合があります。また、実習校で行う研修会に参加することもあります。そういった場合も正装です。周りの教員が指導着であっても、実習生は正装が望ましいです。

実習の後半では、皆さんの研究授業について実習校の教員と協議する"研究協議会"（第6章104ページ参照）を行います。そういった場面は、当然正装で出席しましょう。

④ 装飾品

　ピアス、イヤリング、ネックレス、指輪、ブレスレットは必ず外してください。廊下ですれ違った時、授業を実施している時等、児童生徒がそういった装飾品に手を伸ばすかもしれません。実習生自身だけでなく、児童生徒の怪我につながる恐れがあります。また、自閉スペクトラム症の児童生徒はキラキラした物に関心を向けることがあるので、指導中に装飾品が気になって授業に集中できないこともあります。

⑤ 身だしなみ

　髪の色は、極力黒い髪色で臨んでください。普段髪の色を染めている、脱色している場合には、元の色に戻して実習に臨みましょう。生まれつき髪色が黒ではないという実習生は、実習校に事前に伝えましょう。服装の欄でも触れましたが、実習校に出入りするので、周囲の目に触れるということを意識しましょう。そうなると、派手なマニキュアがついたまま支援・指導を行って、児童生徒やほかの教員の注意をそいでしまう等、迷惑になる行為は控えましょう。

　自閉スペクトラム症とは、社会的コミュニケーションの障害と反復常同的な行動様式を特徴とする発達障害の１つです。自閉スペクトラム症の人は、特定のもの、やり方に極端に強いこだわりを示すことがあります。また、音やにおい、そのほか手触り・肌ざわり等、感覚が極端に敏感（あるいは鈍感）であることが多いです。香水やコロンのにおいに反応してしまったり、服の色や特定のマークに強くひきつけられてしまうこともあります。服装や身だしなみについては、こうした児童生徒の事情があることを想像し、オリエンテーションで配属学級の指導教員に確認しましょう。

5

教育実習中の出勤・欠席について

　出勤簿への捺印については、実習校で特別な定めがない限り、実習校の規定の時刻までに出勤し、直ちに養成校所定の出勤簿に捺印しましょう。出勤簿が置かれている場所は、事前に確認しておきましょう。

　病気または事故、天候の悪化等、やむを得ない理由により、欠勤する場合は、あらかじめオリエンテーションや養成校の事前指導で説明された必要な手続きを行いましょう。特に、病気等による体調不良の場合、無理に出勤せず、医療機関を受診しましょう。病気にかかっているにもかかわらず出勤することで、児童生徒、保護者、実習校の教職員に感染させてしまう可能性があります。また、体調が悪化してしまい、長引いてしまうことも考えられます。

　特に、肢体不自由児や病虚弱児の在籍する特別支援学校の場合は、児童生徒への病気の感染は絶対に避けなければなりません。肢体不自由児や病虚弱児は、感染症に対する抵抗力が低下している場合があるため、感染リスクが高くなっています。そのため病気に感染すると、最悪の場合、生死にかかわる問題につながることがあります。体調不良の場合には、実習期間の延長やそのほかの手間を惜しみ、「自分が我慢すればよい」と無理をしてはいけません。欠勤し必ず医療機関を受診しましょう。

6

教育実習中の体調管理

　実習中の学びをより良いものにするために、体調を整えることが重要となります。急に早寝早起きをするのは難しいものです。実習1週間前から早寝早起きに体を慣らし始めるとよいでしょう。また、実習中はとても忙しいため、必ずアルバイトは休みましょう。実習直前は翌日の準備を早めに終え、体を休めましょう。「体を健康に保つ」ために、規則正しい生活をしましょう。

体調管理のために取り組むこと

　体調は自分の意思では完全にコントロールすることはできません。しかし、体調を崩すリスクを減らすために努力することができます。実習中は、睡眠、食事、水分補給、健康チェック、感染症対策、実習中の休日の過ごし方に気をつけましょう。

睡　　眠：睡眠不足にならないために、日中集中して活動するには自分にはどの程度睡眠時間が必要か把握しておきましょう。入眠する時間が遅くなればなるほど睡眠の質は悪くなります。

食　　事：食事は栄養バランスに注意して、必ず3食摂るようにしましょう。特に朝食は抜くことのないよう注意しましょう。

水分補給：実習中は、児童生徒とかかわっているため、水分補給のタイミングが難しいかもしれません。どのタイミングで水分補給できるか事前に検討しておきましょう。指定された健康チェック表がある場合は、必ず必要事項を記入します。実習校独自のルールの有無も確認しましょう。

健　　康：手洗い・うがい等の感染症対策を十分に行いましょう。

休　　日：実習中の休日は、研究授業等の実習準備も重要ですが、生活リズムを崩さずに、しっかりと休息をとりましょう。休日だからといって遊びに出かけることは控えましょう。

　持病（てんかん等）やアレルギーがある場合は必ず実習校へ伝えましょう。「教育実習の評価に影響するかもしれない」「就職の際不利になってしまう」等と考えてしまうかもしれませんが、特別支援教育は「合理的配慮」を推進しているため、そのような不利や差別は生じません。反対に、実習校は持病やアレルギーを伝えてほしいと考えています。実習中に持病やアレルギーが万が一発生した場合にも、すぐに対応できるからです。

7 教育実習のスケジュール

　養成校によって実習期間は様々ですが、今回は一般的に多い2週間実習をすることを例にしたスケジュールを示します。

日付	実習生の動き
1日目	・全校の教職員に紹介 ・事務手続き（書類・費用等） ・配属学級に入り実習開始 ・実習日誌を記入し、終了 ※初日はそれほど多くのことはありません。まずは、実習校・配属学級に慣れることが大切です。
2日目～5日目	・配属学級に入り実習 ・授業への参加 ・研究授業の準備（実態把握・指導目標等の検討） ・研究授業について、配属学級の指導教員と協議 ・授業準備 ・実習日誌を記入し、終了 ※2日目からは、児童生徒の実態把握を行う、指導目標を立てる等、研究授業に関する実習も始まります。研究授業では、実際に実習生が授業を行うので、授業で使う教材の準備も徐々に進めていく必要があります。また、朝の会等の授業でMTを担当する経験を積みます。
6日目～10日目	・配属学級に入り実習 ・授業への参加 ・研究授業前に、MTとして授業を実践する ・いずれかの時間で研究授業を行う ・指導教員と研究授業に関する協議を重ねる ・指導案の作成、配布、アナウンス ・研究協議の準備 ・研修会の参加、他学部での見学や実習等、実習校独自の体験活動 ・実習日誌を記入し、終了 ※6～10日の間には、研究授業を行います。内容は指導教員と決めていきますが、研究協議会の出席者の都合もあるので、あらかじめ、日程は実習校の方で決めていることが多いです。また、研究授業の前には、実習生がMTとして授業を実践する機会を設定しています。研究授業後には、協議を行い授業内容について振り返りを行います。最終日には、指導教員にはもちろん、管理職や実習校の担当者にも挨拶をしてから、失礼することを忘れないようにしましょう。

※帰宅する際は、指導教員等への挨拶は忘れず行いましょう。

※実習後には、実習日誌の実習生のまとめを記入し、指導教員に総括を依頼するので、そのスケジュールも確認するとよいでしょう。

8

個人情報とセキュリティ

① 個人情報保護の必要性

　学校という組織の中は、個人情報に溢れています。児童生徒の氏名はもちろんですが、障害名、関係する医療機関等、様々な情報があります。

　実習校にいると、個人情報に関する内容を教職員同士で話すことがあります。児童生徒の指導に必要なことだからです。そういった環境の中ですと、実習生は個人情報の重要性と、それが外に漏れてしまう危険性を忘れがちになってしまうかもしれません。しかし、教職員は守秘義務があり、校内の情報は口外することはありません。

　情報漏洩になることで、最終的に実習校の児童生徒とその家庭に多大な迷惑がかかる可能性があります。情報化社会において、個人情報がインターネット上に流れたら取り返しがつきません。うっかり話した一言が、つい話した個人情報が、誰かの目や耳に止まり、それがSNS等で拡散されてしまう、等最悪な事態になるかもしれません。

　学校という組織は、安心・安全という環境の中で支援・指導を行うことが前提です。その前提を脅かすような情報漏洩をしないよう、教職員は日々気をつけて行動しています。

② 実習生が個人情報を取り扱う場合の注意点①

　まずは、児童生徒の実態を把握するために、過去の指導内容や成果を確認する際、個別の教育支援計画を閲覧する機会があるでしょう。研究授業の指導案を書く際にも個別の教育支援計画は活用されます。

　実習校では個別の教育支援計画は、鍵の掛かる金庫等に保管されています。実習生個人で勝手に閲覧することが難しい場合もあるでしょう。

　配属学級の指導教員にお願いして、個別の教育支援計画を閲覧させてもらうには、スケジュールを決めて、「○○日の△△時～□□時まで借りる」等、時間を決めて借りるとよいでしょう。そして、金庫等に戻してから退勤し、情報が人の目にふれないよう十分注意しましょう。大変ですが、扱っている情報はそれだけ重要度の高いものであるという認識が大切です。そのため、指導案についても、個人情報を多く含まれることから、実習校で作成し、自宅に持ち帰らないよう気をつけましょう。

③ 実習生が個人情報を扱う場合の注意点②

　実習校で知り得た情報はすべて個人情報だと思いましょう。退勤後にバスや電車の中で、児童生徒に関する話をすることは、個人情報の漏洩です。養成校の実習指導教員が行う事後指導等の授業以外で、友人や家族に実習校で知り得たことを話すのも漏洩に当たります。

　大事なことは、これらが個人情報であり、外部には漏らしてはいけない情報であるという認識をもつということです。したがって、校内での掲示物や教材についての撮影に関しても、配属学級の指導教員に必ず確認が必要です。

　また、実習校の教室や設備、教材・教具等を実習校の許可なくスマートフォンやカメラで撮影してはなりません。児童生徒の顔や実習校を特定するものが写っていない場合でも、背景に重要な個人情報が含まれていることがあります。研究授業で作成した自作教材であっても、撮影する場合には指導教員に必ず相談し、許可をとりましょう。また、Facebook、Instagram、Twitter などのソーシャルメディアに、実習で知り得たことや記録にかかわるものをアップしたり紹介したりすることは絶対に行ってはなりません。一度アップされたものは、削除しても誰かが記録を保持している可能性があり、完全に削除できません。ソーシャルメディア上の個人情報の漏洩は、実習校や児童生徒に甚大な被害を及ぼす危険性をはらんでいますので、重々注意しましょう。

個別の教育支援計画
　障害のある児童生徒の一人ひとりのニーズを正確に把握し、乳幼児期から学校卒業後までを一貫して的確な教育的支援を行うことを目的とし、長期的な視点で作成する計画のことです。教育のみならず、福祉、医療、労働等の様々な関係機関、関係部局の連携協力を確保して作成することができます（詳細は第 2 章参照）。

コラム 3

養成校の事前指導——見学・参加実習

　特別支援教育実習での学びをより質の高いものにするために、各養成校では様々な取り組みが行われています。星美学園短期大学では、特別支援学校での2週間の教育実習がより充実したものになるように、実習生の不安を軽減し、的確な実習準備を行うために、実習校と連携して「見学・参加実習」を設定しています。

見学・参加実習とは？

　見学・参加実習の目的は、実習前に実習校の雰囲気や在籍する児童生徒の様子を把握し、研究授業のイメージをつけることです。見学・参加実習は、基本的に実習生の配属学級で行えるよう、養成校が実習校に実施目的を理解頂き、依頼して設定されます。授業を見学し、授業の進行や児童生徒の様子を把握する見学実習、実際に授業や行事に参加し、児童生徒とかかわる参加実習をそれぞれ1回ずつ（両方の実習を1日でまとめて行うこともある）設定します。

見学実習の様子

参加実習の様子

　見学・参加実習終了後は、研究授業の準備に向けて、養成校の実習指導教員と3回の個別面談を行います。児童生徒の障害種、行動特徴、興味関心のほか、配属学級の雰囲気や指導内容等を整理し、研究授業の大まかな内容を事前に計画します。そうすることで、実習開始後に配属学級の指導教員との打ち合わせがスムーズになり、児童生徒とのかかわりにより集中することができます。

> **Check!**
>
> 「研究授業を計画する時、児童生徒の様相や実態に合わせて活動を考えることが重要です。「何をするか」ということばかりに気をとられてしまうと、肝心の児童生徒が置き去りにされてしまいます。そのため、特別支援学校の授業では特に、個々の実態に応じて指導手順や教材を見直していくことが重要になります。授業で取り扱う題材や支援目標の案をいくつかイメージできていると、実習中、実習の早いうちに指導教員との研究授業の協議・相談ができ、児童生徒の様相に合わせた内容に近づけることができます。

教育実習における
学びの視点

第 4 章

1

授業上の工夫を捉えるための観察のポイント（環境構成）

　障害のある児童生徒の中には、日常的な活動を行う中で、周囲の小さな刺激に気が散ってしまったり、特定の刺激にこだわってすべき行動ができなくなったりする人がいます。また、口頭で伝えただけでは、何を指示されたのかわからない児童生徒もいます。しかし教員が環境上の配慮をすることで、落ち着いて取り組むことができる場合があります。特別支援学校では、児童生徒が安心でき、落ち着いて過ごせるために、目的や用途に合わせて教室環境を工夫しています。実習の時には、このような環境上の工夫について注目しましょう。

ワーク 環境上の工夫について考えてみましょう

　小学部の普通教室と個別の指導を行う自立活動室です。それぞれの教室環境では、どんなところに工夫が施されているでしょうか？　何のための工夫か、その意図も考えてみましょう。

普通教室　　　　　　　　　　　　　　　　自立活動室

ワーク 教具の工夫とその意味について考えてみましょう

　日常的に児童生徒が使用しているものです。ここでは、どんなところに工夫が施されているでしょうか？　何のための工夫か、その意図も考えてみましょう。

1）普通教室

朝の会で児童生徒が「スケジュール」に注目できるよう、黒板は余計な刺激をとりのぞきすっきりとさせています。

【1日のスケジュール】絵カードを使って1日の流れを視覚的に示しています。言葉だけの指示で取り組むことが苦手な児童生徒や、初めて経験する活動に対して不安を感じる児童生徒に対しては、「いつ」「どこで」「何を」「どのように」するのかを見える形にしています。

【なまえカード】朝の会で児童生徒が出席を報告するためのカードです。言葉を発することが難しい場合でも自分が出席していることを表明できます。また、毎日目にすることで、自分の名前の文字を覚えることもできます。

　普通教室では、着替え等朝の支度から、普段の授業や作業まで、様々なシチュエーションがあります。授業や活動の内容によって、黒板、机イスの並べ方、教材の提示場所等、様々な点に配慮がなされています。実習では、ここに着目し、環境上の配慮の意図や意味について配属学級の指導教員に積極的に尋ね、実習日誌等にも記録しておきましょう。

　掃除や給食の配膳等の日常的な活動においても、目的によって様々な工夫がなされています。「何を」「どこに」「どのように」置けばよいのかを誰が見てもすぐにわかるようにする、教員の手を借りずとも児童生徒自身の力でできるようにするための工夫に注目しましょう。

2）自立活動室（個別指導を行う教室）

教室を3つのブースに分けて使用するので、隣が気にならないよう仕切りをつけています。

教材準備をスムースに行うため、種類ごとに分けて収納しています。児童生徒の目につきにくいように簡素な収納ボックスを使用します。

弛緩訓練等、身体へのアプローチを行えるよう、緑の柔らかいラグマットを敷いています。

自立活動室等、児童生徒の個別の指導を行う部屋では、教員とのやりとりに集中できるよう、なるべく刺激が少ない環境を作ります。仕切りやパーテーションの使い方、教具の収納方法等、空間の作り方に着目しましょう。

　また、実習校によっては、自立活動を行うための部屋を様々な用途に応じて設置している学校もあります。例えば、身体運動面のアプローチをするための部屋では、バランスボールやスイングボード等、様々な器具が設置されています。一方で、教室数が足りず、自立活動のための部屋をなかなか設置しにくい学校の場合には、普通教室を工夫して環境を整えています。部屋の使用用途を考えながら、設置されている器具や教具にも着目してみましょう。

3）日常生活を支える環境上の工夫

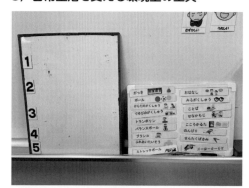

個別指導の際、児童生徒が意欲的に活動にのぞめるよう、今日行う活動を自分で選択するためのスケジュールボードです。特別支援学校では、活動の手順や流れを示すスケジュールが様々な場面で用いられます。

上履きを脱いで入る部屋の前では、ぬいだ上履きを児童生徒がきれいにそろえることができるよう工夫しています。ほかにも、日直等前に立つ時の立ち位置、物の置き場所等も、どのようにすればよいかが見てわかるような工夫があります。

　特別支援学校では、児童生徒が何をどのようにすればよいか、見てわかるような環境上の工夫が多種多様に施されています。これは**環境の構造化**という、特別支援教育において最も活用されている支援技術の１つです。これは、今何をする時間か、次にどうなるのか等、活動の流れややり方・ルール等を、その人にわかりやすく示す方法のことです。「自閉症教育」において、従来から重視されてきた教育方法である TEACCH プログラムの手法の１つですので、「自閉症学級」という区分の学級等では、特に意識されて用いられています。

　こうした支援技術は、一律に行われるものではなく、児童生徒や学級の状況に応じて工夫・改善を続けた結果用いられています。似たような教材・教具でも、その素材や大きさ、用いられるタイミング等も、学級や学年によって異なる可能性もあります。学級や学年をまたがって行われる工夫に着目してみましょう。

児童生徒の実態を捉えるための観察のポイント

　特別支援学校の児童生徒は個々のもつ力、好み、特徴等、その個性は一人ひとり驚くほどに様々です。授業を企画する上では、児童生徒一人ひとりの実態を的確に把握し、指導内容や支援・指導方法等を工夫することが求められています。「ダウン症」「自閉スペクトラム症」等の障害名や表面的な事象ばかりに気をとられることなく、まずは「一人の児童生徒」として受け入れ、全体像を捉えることが大切です。

　第2章の第2節でも述べられていた通り、児童生徒の実態や個別の目標については、実習校で担任が作成している「個別の指導計画」を閲覧させていただくことで、おおむね把握することができます。しかし実習生にとっては、書類上で知ることできる情報以上に、実際に児童生徒を観察しかかわることで、具体的なイメージがわくはずです。自らの観察とかかわりの経験を経て捉えた児童生徒の姿をベースにして、「個別の指導計画」を閲覧すると、より児童生徒の理解も深まります。

　本節では、研究授業を計画する上で知っておきたい児童生徒の実態について整理しながら、研究授業を企画する前段階での児童生徒の観察のポイントについて明記します。

1 休憩時間・自由遊び場面

　まずは、児童生徒が好むこと、よく取り組んでいること等、好みや習慣にかかわる情報を集めましょう。これらの情報は、研究授業の題材を決定するための手がかりになると同時に、児童生徒との関係づくりにおいても重要な情報です。

　休憩時間や自由遊び場面は、こうした児童生徒の好みや習慣が表現されやすい場面です。好みの活動・遊具はもちろん、どのように遊んでいるのか等にも着目しましょう。「1つの物や活動に集中しているのか／色々な遊びに着手しているのか」に注目すれば、集中力、こだわり、興味関心の幅等を捉えることができます。また、「遊具や玩具等の事物と

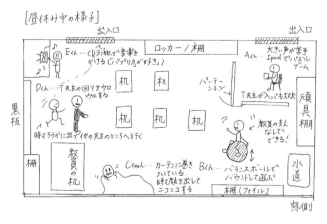

図 4-1　自由遊び場面での観察記録の例

のかかわりが多いか／人とのかかわりが多いのか」に着目すると、興味関心の対象がモノ・人のどちらに向きやすいかがわかります。また、「遊ぶ」といってもその遊び方は様々です。同じ場所をくるくる回っている、メトロノームの針等、一定に動くものをじっと見つめている等の感覚的な刺激を楽しんでいる場合もあります。

　そのほか、大きな遊具で遊んでいる際には、身体全体の動かし方や姿勢のとりかた等の粗大運動の力を捉えることができます。また、積み木やボードゲーム等手先を使う玩具の場合には、手首や指先の使い方等の微細運動の力を把握できます。

　休憩時間や自由遊び場面（あるいは空き時間）は、ほぼ毎日観察できる場面でもあります。特に実習開始の最初の週では、実習日誌のスペースに記録をしておくと、配属学級の指導教員からも追加情報を頂ける場合があります。特に、養成校から特別な指定がない場合には、必ずしも公式の言葉を使った文章でなくとも、図 4-1 のようにイラストや図等を使い、メモのように記してもよいでしょう。

② 授業中の様子

　授業中の行動観察では、文字、数の概念の理解、工作道具の使用等、教科に関する実態を捉えるための手がかりを得ることができます。しかし教育実習では、これらの実態については、指導教員に直接状況をうかがい、把握することになります。今回は、こうした教科に関する知識・技術以外に着目したい点について考えていきましょう。

　授業や課題中の参加姿勢から児童生徒を観察すると、色々な実態が見えてきます。教員が前に立ち、教材を提示したり説明をしている時の姿勢や視線の向き、応答の仕方等に注目してみましょう。

①**座位姿勢**：一斉指導等、教員が教示している時や前にほかの児童生徒が立つ時に、座った姿勢のままでいられるかどうか
※なかには、座ったままの姿勢を保つことが難しく、前傾になったり体全体をそわそわさせたり、席を離れてしまう児童生徒もいます。また、肢体不自由のある児童生徒の場合には、長時間座位の姿勢を保つことが難しい場合があり、こまめな姿勢保持の支援が必要になります。座位が安定しないために教材に手を伸ばせないことも起きます。これらの情報は、説明の仕方や課題を提示する時間等を判断する上で重要な情報です。

②**注視**：前で話す人や、提示される教材等に、一定時間目を向けることができるか
※前で話す教員（MT）や提示される教材に一瞬目を向けても、すぐに視線を別の方向に移してしまうなど、注視時間が短い児童生徒がいます。視線が常に自身の手元などに向き、呼びかけないと前に視線が向きにくかったり、色々な刺激に目が向きやすくキョロキョロしてしまう、という場合もあります。また、肢体不自由のある児童生徒の場合に

は、対象に注目し続けることや、注視した対象に手を伸ばすことが難しいことがあります。これらの情報は、教示の仕方、教材の注目のさせ方など、指導中の児童生徒とのやりとりの仕方を考えるために重要です。

③意志の示し方・発信方法：自分の伝えたいことを、言葉やサイン、絵カード等の道具、目の動き等、どのような方法を使って伝えているか

※名前を呼ばれた時の応答、好きなものを選ぶ時の選択の仕方等、教員の問いかけに対する反応の仕方は、児童生徒によって様々です。最近では外国籍の児童生徒も在籍しているため、母語の単語を用いて発信する児童生徒もいます。コミュニケーション絵カードのほか、iPad のコミュニケーションアプリ等の IT 機器を活用している場合もあります。こうしたコミュニケーション・ツールにも着目しつつ、児童生徒一人ひとりの発信方法を知り、かかわるよう努めましょう。また、肢体不自由のある児童生徒の場合には、四肢を動かすことが難しく、眼球や口を動かして自分の意思を発信することがあります。児童生徒の小さな変化や身体の動きに着目しましょう。

教育実習中、実習生は様々な場面に参加することになります。自身も教材準備や教室の整備をしたり児童生徒とかかわりながら、つぶさに実態を捉えるために観察をするのは難しいかもしれません。しかし、教育実践は常に、こうした参与観察の中で児童生徒を捉えていきます。指導教員からの聞き取りのみに頼らず、児童生徒の実態把握を行う観察眼を養いましょう。

3 特別支援学校の1日の流れ

特別支援学校の流れと実習生の動きについて確認しましょう。学校によって、登下校の時間や給食開始の時間、午前・午後の授業開始時間等、異なるところも多いかと思います。また、学部によっても日課表が異なるため、この流れに沿っていない場合があります。目安として捉え、実習をイメージしてみてください。

8:30 --→ **12:00**

職員の動き

8:30
朝の打ち合わせ（勤務開始）
全体 → 学部 → 学年→ 学級
全体周知の連絡やその日の確認事項の共通理解を図ります。

9:00

日常生活の指導
教室に到着後、排泄指導、着替えの指導、ホームルームを行います。その後、体育や個別学習を短時間行うこともあります。

給食
12:00
給食時間も学級によっては指導の時間です。食事の指導を行います。

8:50
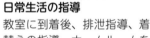
登校指導
スクールバスで登校してくる児童生徒が多いので、バス下車後の支援・指導を開始します。

9:45

午前中の授業開始
午前はだいたい3時間分の授業を行います。小学部は45分、中、高等部は50分の授業を実施します。

実習生の動き

この時間前に出勤し、出勤簿に押印し、着替えを完了して、配属学級の指導教員の指示を仰ぎます。

児童生徒が登校後は指導教員の指示に従って、支援・指導を行います。

POINT ①
実習中は決して自分で判断しないことが必要です。どんなことでも、指導教員に報告・連絡・相談をしましょう。

POINT ②
授業中は実態把握を心がけましょう。得意・苦手なこと、興味のあること・ないこと、実習生の目線で、児童生徒のことを観察してみましょう。

13：00- ->**17：00**

午後の授業開始
午後はだいたい2時間分の授業を行います。

15：00　**下校指導**
高等部はこの時間部活がある場合もあります。

勤務終了

15：10

教室整備
教室の清掃や明日のホームルームや授業準備を行います。

14：30

日常生活の指導
下校の準備のため、排泄指導、着替えの指導、ホームルームを行います。

16：00

会議・研修等
退勤前の1時間は会議や研修を行うことがあります。

14：50

下校指導
下校のバスや放課後等デイサービス（次ページ参照）の送迎車に乗車するための支援・指導を行います。

POINT ③
下校時のバスの介助員や放課後等デイサービスの職員からの情報は、とても価値があります。

POINT ④
この時間に、日中の疑問や不安等を指導教員と話しましょう。研究授業の相談もこの時間に少しずつ進めるとよいですね。
この時間は、実習日誌を記入したり、指導案を書いたりする時間にしましょう。

1日の流れの中に、特に実習生が気にかけるとよい4つのPOINTを書きました。下記に詳細を記載していますので、1つ1つ確認しましょう。

POINT ①　自分で判断せず、どんなことでも報告・連絡・相談する。

　実習生とのかかわりの中で児童生徒が転んでかすり傷を負ったり、けがや事故に見舞われたりすることがあります。そんな時には、必ず配属学級の指導教員に伝えましょう。情報の共有は特別支援学校の教員にとっては必要不可欠な要素です。実習生としてはとても不安になる出来事であると思いますが、そうすることで児童生徒の安心安全を守ることにつながり、保護者との信頼関係も平穏に保つことができます。また、けがや事故を防ぐための予防策等についても具体的に指導を受けることができますし、指導教員にとっても実習生とのやりとりから新たな気づきを得ることもあるのです。

POINT ②　授業中は実態把握を心がけ、得意・苦手、興味の有無について観察する。

　実習生は児童生徒の様子を観察することが大事です。全体を何となく見ていると授業はすぐに終わります。観察するためには目的を明確にすることが必要です。そのために、まずは、得意・苦手、興味の有無等を主眼に置いて、観察してみましょう。日を重ねていく中で、授業の中で児童生徒がどれだけ成長したか，授業の目的が達成できているか等がイメージできるようになります。

POINT ③　バスの介助員や放課後等デイサービスの職員からの情報は、価値がある。

　児童生徒の下校時にかかわる様々な方々と話をする機会があれば、学校と違った児童生徒の側面が見えてくるかもしれません。話しかけるタイミングが難しいことも多いですが、チャレンジしてみるのもよいかもしれません。

POINT ④　下校後の教室整備の時間に日中の疑問や不安等を指導教員に話す。

　日中の出来事について疑問に思ったことや支援・指導に関して、すぐに指導教員と話して解決できればよいのですが、授業中にはそれができないことがあります。児童生徒下校後に掃除や次の日の準備のため教室整備をすることが多いので、その仕事を手伝いながら話しかけるとよいでしょう。先延ばしせず、その日に疑問を解決することで、有意義な実習につながっていきます。

放課後等デイサービス
　6～18歳までの障害のある児童生徒（あるいは、発達に何らかの課題があると医師からの診断を受けている児童生徒）が、放課後や夏休みなどの余暇に利用できる福祉サービス。

4

実習生の疑問解消！　教育実習 Q&A

　幼稚園、小・中学校、高校とは異なり、特別支援学校での教育や1日の流れについては、具体的なイメージをもっていない実習生が多いと思います。障害のある児童生徒とかかわった経験がなく、コミュニケーションがとれるかどうか、ということを心配されているかもしれません。新たな児童生徒との出会いや、先生方の高い専門性を学べることにワクワクする反面、実習に対しての不安が尽きない人もいるでしょう。

　この節では、実習生からよく聞かれる疑問や不安を集め、Q & A 形式で回答しています。すでに特別支援学校での実習を終えた先輩方や現場の先生方が、皆さんの疑問に答えてくれましたので、ぜひ参考にしてください。

1 実習生の疑問解消①──先輩に聞いてみました

Q.　もうすぐオリエンテーションです。何か事前に準備しておいた方がいいことはありますか？

A.　オリエンテーションでは、配属学級の指導教員と研究授業の打ち合わせをすることになると思います。研究授業の題材や教科については、指導教員から指定がある場合もありますが、実習生の希望を聞いてくださるケースもあるので、自分の希望する授業内容や教科等は、イメージをもっておくとよいと思います。実習校に向かう途中に交通機関が遅延したり止まってしまうこともあるので、スマートフォンに実習校の連絡先を登録しておきましょう。オリエンテーションの連絡をしてくださった先生のお名前も覚えておくとよいですよ。

Q.　**オリエンテーションでは、どんなことを確認しておくとよいですか？**

A.　オリエンテーションでは、自分の配属学級の指導教員とお話しすることができる場合が多いです。学級によって児童生徒の様相が全然違うので、児童生徒の発達水準やコミュニケーションの方法、好きなもの・好きな活動等は聞いておくとよいと思います。おそらく研究授業で担当させていただく教科等についても、先生からご提案があると思います。自分が担当させていただく授業の科目では、今何をしているかを聞いておくと、こちらで考えていた研究授業の題材や内容が重複しないで済みますよ。また、指導案の書式や分量が学校によって違うこともあるので、指導案のサンプル等があればいただけるとよいですね。

Q. 研究授業は、いつ頃行いますか？　研究授業までに、何回か実践できますか？

A. 研究授業は、他校種の実習の場合と同様、実習最終週の後半や最終日に設定されていることが多いと思います。担当教科にもよりますが、たいていの場合は研究授業までに担当教科の授業を2〜3回は実践する機会をいただけます。特に「朝の会」等、日々行われている「日常生活の指導」で研究授業を行わせていただく場合には、毎日設定されているので、他教科よりも多く実践できる機会があります。

Q. 研究授業では、一人で児童生徒をみられるかどうか、とても心配です……

A. 特別支援学校は、基本的に複数担任制のチームティーチングなので、自分一人で児童生徒を見るわけではなく、先生方がたくさんサポートしてくださいます。他校種の教育実習では、助言指導をいただいても授業時には自分一人で前に立ち、後ろで指導教員が見ていて緊張するしすごく不安だったのですが、特別支援学校では、必ず配属学級の先生方が児童生徒の横についてサポートしてくださいます。研究授業の内容や進行についても、積極的にかかわって一緒に考えてくださるので、本当に心強かったです！「一人で何とかしなきゃ」と気を張るのではなく、むしろ困ったことを素直に先生に相談したり確認したりする姿勢が大事だと思います。

Q. 実習日誌等、日々の記録は大変ですか？

A. 日々の記録は、他校種よりも分量はコンパクトなので、そこまで大変だったと感じない人が多いと思います。それよりも、研究授業の指導案作成の方が大変で労力がかかるので、指導案作成に関する知識や、パソコンの打ち込みの速さが重要だと感じました！

Q. 研究授業のアイデアがなかなか浮かびません。研究授業のアイデアやヒントはどこからもってくればよいですか？

A. 今はインターネットで授業指導案を検索したり、特別支援学校のホームページを見ると、教材や授業案のサンプルを入手できるので、それは参考になると思います。また、小学部での実習の場合には、絵本等を色々見ておくと、よい題材が見つかったりすることがあります。ただ実際授業をしてみて、「何をするか」ということより「児童生徒にどんなことを体験させたいか」を考えることが大事だと思いました。普段所属学級の児童生徒が受けている授業や体験していることをしっかりチェックして、児童生徒のことをよく知るように努めた方がよいと思います。

Q. そのほか注意した方がよいことはありますか？

A. 他校種の実習と違い、自宅から実習校が遠い場合が多いです。学校までの道順や行き方は複数調べておいた方が、交通機関が遅延したり使えなくなった時に対応できます。指導案作成はパソコンで行うため、WordやPDF等の基本的な操作はもちろん、打ち込み等も速い方がよいです。パソコンは日々使うようにして、使い慣れておくと便利だと思いますよ。

② 実習生の疑問解消② ──現場の先生に聞いてみました

Q. 障害のある児童生徒とかかわった経験がありません。特に言葉でのコミュニケーションが難しい児童生徒とやりとりできるかどうか不安です……

A. 障害のある児童生徒とのかかわりで大切なことは距離感です。環境が変わることを苦手とする児童生徒は、知らない人がいきなり自分のスペースに入り込んでくると恐怖を感じることがあります。初対面の時は少し距離を置きつつ、言葉で働きかけてみましょう。言葉でのコミュニケーションが難しいから全く伝わらないというわけではなく、「自分に何か言っている？」と興味をもってもらえると徐々に距離は縮まっていくでしょう。距離を縮めるのにもスモールステップで少しずつが大切です。

Q. 児童生徒がけがをしたり、発作が起きたりした時は、どうしたらよいでしょうか？

A. 自分の配属学級の児童生徒以外もけがをする恐れはあります。けがをしてしまった児童生徒がいる場合は、その子に寄り添いつつ、近くにいる先生に助けを求めて、指示を仰ぎましょう。発作が起きてしまった時は、何時何分に発作が起きたかだけは確認して、その場で助けを求めてください。発作の時は、何分間発作が続いたかによってその後の対応が異なるので、時間が大事です。

Q. 肢体不自由や重度重複障害の児童生徒の場合、かかわりや指導のほか、介助が必要な場合があると聞きました。介助にはどんな介助がありますか？実習生はどこまでできた方がよいですか？

A. 例えば、車いすに乗っている児童生徒を車いすから降ろす際、介助が必要になることがあります。また、食事の際に、食事の介助も必要な児童生徒もいます。しかし、すぐに実習生がその介助ができるかどうかは児童生徒の実態によって変わります。介助を少しでも間違えるとケガや病気の悪化

につながることもあります。食事では、誤嚥によって肺炎につながることもありますし、最悪命にかかわることもあります。指導教員の指示に従ってできる介助に徹することが必要です。

Q. 障害のある児童生徒とのコミュニケーションには、手話やマカトン等の手法があると聞きました。実習前にいくつか覚えていった方がよいですか？

A. 聴覚障害・特別支援学校では手話を活用する学校もあります。マカトンは指導法の一環として活用している学校もあります。仮に聴覚障害・特別支援学校で実習をするのであれば、「おはよう」等の挨拶、「ありがとう」「ごめんなさい」の感謝や謝罪程度でよいかと思います。マカトンは学校によって扱いが異なります。活用している学校であれば、指導で活用されているサインがわかるようなら、覚えておくと児童生徒とのコミュニケーションを図るのに役立つはずです。どちらも学校の文化や伝統が影響するところなので、学校のやり方に即した対応が必要です。

Q. 実習では、授業や日常生活の指導のほかに、実習生が参加する活動はありますか？　自分の配属学級以外に入らせていただくことはありますか？

A. 基本的には児童生徒のいる時間は授業に入って実習をしてもらいます。学校によっては、ほかの学級に入って実習をすることもあります。しかし、児童生徒の実態を把握し、研究授業を行うとなると、なかなかほかの学級の授業に参加する時間がないのが実情です。また、放課後に研修会を実施する学校もあり、実習生も参加する場合があります。

Q. 書くことが苦手で、指導案がきちんと書けるかどうか不安です……

A. 書くことよりも、どんな授業をやりたいかを描くことが大切です。その際、児童生徒がこの授業でどのように活動してほしいのか、どうなってくれたら成功なのか等、授業のストーリーを描くことが必要です。そして、どうしてこの授業を考えたのか、その背景となる児童生徒の実態は何かについてを掘り下げていくと、書く材料はたくさんあります。書くことから始めるとなかなか書けないのですが、授業のストーリーを考えることから始めると、スムーズに書けることもあります。あとは、配属学級の指導教員と相談しながら書き進めてください。

Q. 実習前に「これだけは準備しておいたほうがよい」「勉強してきてほしい」ということはありますか？

A. 自閉スペクトラム症の特性とかかわり方について、事前に勉強しておくと実習初日から、児童生徒とのかかわりがスムーズにできるかもしれません。障害のある児童生徒とかかわった経験のない方は、自閉スペクトラム症の特性に驚いて苦手さをもつケースがあります。そうすると、実習が有意義なものになりませんので、事前の心構えとしても、自閉スペクトラム症の特徴について勉強しておくことを勧めます。

Q. 研究授業後に開催していただく「研究協議会」は、どのような形で行われますか？

A. 各学校によって様々だとは思いますが、①授業者の反省、②授業に対しての質疑応答、③授業者からの質問・研究協議の論点整理、④協議、⑤指導講評、という流れが一般的だと思います。参加者は授業者（実習生）、指導教員、学年・学部の先生方、管理職、都合がつけば養成校側の教職員となることが多いです。時間は 1 時間前後を目安に行う場合が多いように思います。

Q. 教育実習を経て、「特別支援学校の教員になりたい！」と思いました。教職につくためにたくさん実践経験を積んでおきたいと考えていますが、どのようなことをしておくとよいですか？

A. 実習先の特別支援学校でボランティアを募集しているようなら、参加してみるのも 1 つの実践経験だと思います。ほかにも、放課後等デイサービスでのアルバイトやボランティアも募集していることもあります。夏休み中等、限定的なボランティアもあるので、探してみると見つかるかもしれません。そして、その時に起こった出来事を自分なりに分析しておくとよいと思います（「A さんに○○○なかかわりをしてみたが、うまくいかなかった」→「おそらく、□□□が嫌だったのかもしれない」等）。そして、「教員になりたい！！」と思う気持ちを忘れずに持ち続けることが何より大切です。

教育実習における心配事や気になることへの対処

　教育実習は、教員を目指す学生にとって非常に大きなイベントです。様々なことが気になったり心配になったりするかもしれません。特に、教育実習中の自身の心身の健康等について不安や心配事がある場合は、どうしたらよいでしょうか。

①気になることがあれば、相談してみよう

　気になることに関するアンケートや面談等を実施する機会があれば、それらをまずは活用しましょう。もし、こういった機会がなければ養成校の実習指導教員や大学のメンターの先生にオリエンテーション等の機会を利用して相談しましょう。些細なことでも、内容が漠然としていても構いません。実習生自身が話しやすいと思える先生を選んでもよいですし、別の機会を設定してもらってもよいと思います。大切なことは、実習前に少しでも不安を減らすことです。またもし望むなら、養成校の学生をサポートする相談機関等を利用することも手段のひとつです。

②相談する際のポイント

　教育実習における心配事や気になることを相談する際は、その内容が具体的であるほど、実習中の対処方法が考えやすくなります。どのような時に心配事や気になることが生じそうか、どうすると（一時的にでも）解決できそうか、ということを予想でよいので明らかにしてください。特に解決方法については、これまでの生活の中で行ってきたことと、実習中に自力で無理なくできそうなこと（例えば、困っていることを実習校の担当者に伝える等）を整理できるとよいでしょう。もちろん、これらのことは相談相手と一緒に明らかにしていっても構いません。

③誰にどこまで伝えてほしいかを考えよう

　心配事や気になることについて相談した内容は、誰にどの内容まで伝えてほしいでしょうか。養成校の実習指導教員からすると、養成校の関係者と実習校の関係者（管理職、配属学級の指導教員、必要に応じて養護教諭等）に、その概要と対処方法を伝えておけると教育実習中の対応がスムーズになると考えています。しかし必ずしも、これらの関係者全員にすべての内容を伝える必要はありません。また実習生本人が「伝えてほしいと考えているか」ということがもっとも重要です。誰に、どこまで伝えてよいか、そしてその場合どのような対応が行われそうかを相談の中で一緒に考えていくとよいでしょう。

　養成校の教員も実習校の先生方も、皆さんが様々な不安を感じて教育実習に臨むことを理解しています。心配事や気になることがありながらも、これらと上手に付き合いながら教員としての力量を磨いていけるように、皆さんの成長を全力でサポートしたいものです。

実習日誌

第 5 章

1

実習日誌の目的

1 学びを記録に残すための日誌

　実習は、体験的な学習となります。養成校の講義や演習で学んだ知識・技能を実際の教育現場で観察、実践し、実習生としての疑問や課題を見出すことができます。観察した事柄や感じた事柄をすべて記憶しておくことは困難です。記憶したことは時間とともに忘れてしまい、時には事実とは誤って記憶してしまうことがあります。そのため、実習で観察と実践をとおして感じた事柄を実習日誌として記録に残しておく必要があります。

2 3つの理解を深めるための日誌

　実習生は、実習日誌をとおして3つの理解を深めることができます。1つ目は、児童生徒の理解です。特別支援学校に在籍する児童生徒の障害や実態は、多様化かつ重複化しています。日誌の記録により、多様な児童生徒の実態や育ちの過程を理解することができます。とくに、知的障害教育や肢体不自由教育を主とする特別支援学校の場合、言葉での意思表示に支援を要する児童生徒が多く在籍しています。児童生徒の深い理解にもとづくかかわりは、信頼関係につながり、信頼関係が教育の土台となることを実感できるでしょう。

　2つ目は、教育内容の理解です。特別支援学校は、通常の小学校、中学校等に準ずる教育のほかに、下学年・学部代替の教育課程、教科・領域を合わせた教育課程、自立活動を主とする教育課程を編成できます。日誌をとおして教育課程の特色の理解に加え、多様な児童生徒の実態に応じた指導の工夫を理解することができます。実習校の教員は、児童生徒の実態や教育的ニーズに応じて、指導目標を設定し、指導を計画しています。なぜ、このような指導を行っているのか、児童生徒の実態や指導目標を考えながら、記録をまとめましょう。

　3つ目は、実習生自身の課題の理解です。実習日誌には実習生が観察した事柄や指導で感じた事柄を記録します。その記録を見返すことで、自分はどのような視点で観察する傾向があるのか、児童生徒の困難さだけではなく強みも理解できているのか、児童生徒の主体的な学びにつながるかかわりになっていたか等、自己の課題を明確にすることができます。課題を明確にすることで、次の日の実習における改善点を見つけ、実践してみることでさらに実習が充実することでしょう。

　以上の3つの理解は、実習生個人が記録に残す過程のみでは限界があります。図5-1のように配属学級の指導教員と日誌を共有し、日々の指導を受けること、さらには養成校で実習指導教員やほかの実習生と対話的に振り返ることで深い理解につながります。

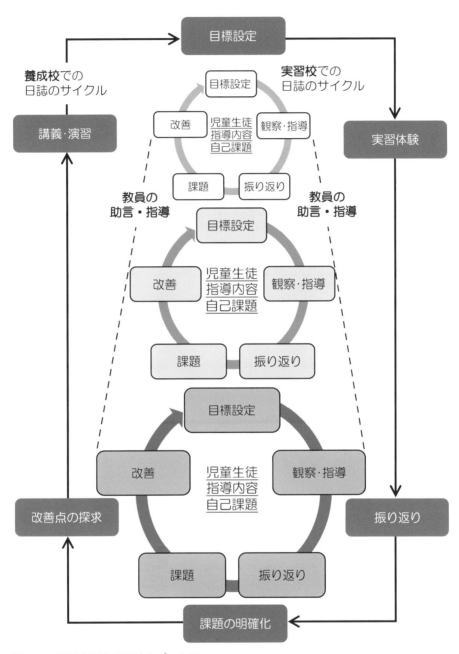

図 5-1　理解を深める日誌のプロセス

実習日誌の記入上の注意点

① 日誌の基本ルール

　実習日誌は、実習生だけではなく、配属学級の指導教員や養成校の実習指導教員も実習生の学びを把握するために読む記録です。そのため、読み手にとって、正確で伝わりやすい記録であることが必要です。配属学級や児童生徒数、実習日程といった情報を正確に記録することはもちろんのこと、正しい字句を使用し、相手に伝わる表現や論理展開、規定の範囲の文量で記録します。授業観察や児童生徒の様子については、5W1H で客観的に記録し、実習生の学びや反省については、主観的な感情や考えを理由も含めて記述します。

② 特別支援学校教育実習に特有の注意点

　特別支援学校の実習日誌に特有の注意点として、主に 3 点を解説します。1 つ目は、要配慮個人情報を扱うことです。障害や疾病の状態は、個人情報保護法では要配慮個人情報として管理が求められています。児童生徒については、アルファベット順に ID をつけ、個人情報が特定されないように記録を残しましょう。

　2 つ目は、児童生徒の様子の記録です。教員の指導に対する児童生徒の様子を「できた・できない」という結果のみで記述することは不十分です。児童生徒は、教材に興味関心を示したのか、どのように課題に取り組んだのか、どのような支援が行われると様子が変化したのかといった過程を記すことが大切です。これらを記録することで、児童生徒の強みを理解し、児童生徒一人ひとりに応じた研究授業を立案できるでしょう。

　3 つ目は、配属学部以外の情報の記録です。特別支援学校は、小学部、中学部、高等部等を含めて学校目標を定めています。小学部に在籍する児童生徒は、中学部に進学することが多く、配属学級の児童生徒がどのように成長をしていくのか、発達の連続性を捉えることは円滑な接続を考慮するうえで欠かせません。配属学部以外の情報を積極的に質問したり、体験をしたりすることで特別支援学校全体の理解に努めましょう。

　そのほか、表 5-1 に注意を要する表記の一例を記しました。

表 5-1　日誌において注意する表記の例

注意する表記	概要
障害のある○ 障害を持つ×	スロープのように環境を整えれば障害のある個人の社会参加は促進されます。障害は個人が"持つ"ものではなく、環境との間に"ある"のです。
支援○ 援助△	児童生徒の学びを支えるために、"支援"という表記が主流になっています。援助は、代わりに行う手助けを意味しますが、支援は本人の将来的な自立を目指した計画的な手立てを意味します。
指導 支援	指導は「教え導くこと」です。教育課程全体で育成を目指す資質・能力に向けて、児童生徒が未学習の内容を習得し、誤学習を修正するための教員の営みです。支援は「支え引き出す」ことです。児童生徒の生活の質の向上のために、現在の能力を活用したり、他者が代わりに行ったり、児童生徒と相談したりする教員を含めた関係機関の営みです。
障害 障がい	「害」は当事者の存在を害とするイメージを広げる恐れがあるため、人の状態を表す場合には「がい」と表記することがあります。行政文書や組織名に「障がい」と用いている都道府県市でも法令や専門用語には「害」を用いています。
児童 生徒	学校教育法では、小学校や特別支援学校小学部に就学する子を「学齢児童」、中学校や特別支援学校中学部に就学する子を「学齢生徒」と定めています。幼稚部は幼児、小学部は児童、中学部や高等部は生徒と表記しましょう。
MT ST	チーム・ティーチングの際の表記の仕方です。1つの集団で授業を進める際、メインで全体を進行する教員を「MT（メインティーチャー）」や「T1」、個別に児童生徒を支援する教員を「ST（サブティーチャー）」や「AT（アシスタントティーチャー）」、「T2」などで表記します。
教育課程	教科別、領域別の指導、各教科等を合わせた指導（具体的には、日常生活の指導、遊びの指導、生活単元学習、作業学習）等、特別支援学校学習指導要領をもとに正しく表記しましょう。
指導方法	知的障害教育を例にあげると、補助代替コミュニケーションや構造化等の専門用語があります。大学の講義や演習で学んだ内容をもとに、専門用語の復習・予習を行い実習に臨みましょう。
診断や疾患名	診断名や疾患名は、医学会の進歩とともに変化しています。知的障害には以前、精神遅滞という診断名がありました。以前の診断名が記載されている児童生徒もいます。

3

深い学びに向けた実習日誌の活用

1 実習日誌の項目

　実習日誌は、養成校や実習校ごとに書式があります。2020 年 4 月の時点で、文部科学省のホームページに掲載された特別支援学校教諭一種・2 種免許状の教職課程を有する大学・短期大学は 166 校（通信課程を含む）ありますので、これだけの種類の書式があることになります。多くの養成校で共通している事項は、表 5-2 のとおりです。

表 5-2　実習生が記録する主な事項

項目	内容
実習校の概要	学校教育目標や配属学級・学部の目標を記録に残しましょう。これらの目標をふまえた授業を計画します。また、他学部の児童生徒数も記録し、特別支援教育の動向を考察してみましょう。
予定表	予定表には、実習校の行事予定や週の時間割、参観実習や授業実習の予定、配属学級・学部を記しましょう。研究授業に向けて計画的な準備を進めることができます。
実習の抱負	実習期間において考察したい目標を事前に設定しましょう。児童生徒理解、教材研究、指導方法、教育課題の理解等、いくつかの観点から具体的な目標を設定します。　　　　　　　　　　　　　　　　　　　　　　　　→ 2 で詳述
日々の記録	日々の目標、各時限の教科等における実習事項や自己評価、1 日の反省や自己評価を記録します。配属学級の指導教員と相談し、実習の合間にメモ帳等にこまめに記録しておきましょう。　　　　　　　　　　　　　　→ 3 で詳述
授業参観記録	授業づくりの学びを深めるために、参観した授業の教科名、単元名、授業者、ねらい、教材、導入・展開・まとめにおける指導や児童生徒の反応、参観者の感想を記録します。　　　　　　　　　　　　　　　　　　→ 4 で詳述
学習指導案	研究授業に向けた略案や細案を綴じます。略案や細案に対する教員の指導は、実習生が教職に就いた後も何度も見直し、授業づくりにいかすことができるでしょう。
実習の総括	総括には研究授業の総括と実習全体に関する総括があります。いずれの場合も事前に設定した目標の達成状況や過程、教職に就くうえで明らかになった課題や解決策をまとめましょう。

② 実習の抱負は自身の教員像をイメージして設定

　特別支援学校教育実習は、2〜3週間という短い期間で行われます。この期間で教職にとって有意義な学びをするために、実習に向けた決意・目的・計画を事前に定めましょう。第1に、養成校を卒業した直後、さらには5年後の姿をイメージして目指す教員像を具体化します。基礎免許となる学校種の実習を終えている実習生は、教育現場の現状や課題、教員に必要な資質をある程度イメージできるでしょう。第2に、将来目指す教員像に近づくために、現在の自身の強みと課題を抽出します。この時、教員に求められる資質について複数の観点（例えば、教員に求められる素養としての使命感や社会性、児童生徒理解、学習指導等）から現状を振り返りましょう。都道府県によっては、教員育成指標や資質向上指標として、これらの観点を公表しています。採用試験の受験を考えている都道府県の指標を参考にしましょう。第3に、強みや課題をもとに今回の実習の目的や決意を絞り込みます。複数の目的がみえてきたとしても、現実的には3つほどに焦点をしぼりましょう。以上の段階をふむためのワークシートを（図5-2）に示します。

5年後／採用時の姿		
観点	強み	課題
素養（使命感や社会性等）		
児童生徒理解		
学習指導		
学級経営		
教育課題の理解		

特別支援学校教育実習の目的	

図 5-2　実習の抱負を焦点化するワークシート

③ 日々の記録で学びを蓄積

　日々の記録は、目標を立てることから始まります。目標は前日の自己評価をふまえながら立てるものです。その日の実習を終えた段階で、次の日の目標を立てましょう。実習の進捗によって異なりますが、図5-3に2週間における実習の目標の観点を示します。実習が進むにつれて、課題点が明確になり、指示の出し方や自立のための必要な支援等、より具体的な目標に移るでしょう。

　目標を設定する際、考察したい内容と手段を組み合わせて記しましょう。こうすることで、1日の振り返りを行う時に、目標をどの程度達成できたのか、達成ができたのは自分がどのような行為をしたからなのかを振り返ることができます。例えば、「児童生徒の特徴を理解するために、児童生徒に必要な支援を観察する」という目標を立てた場合、ある児童は2語程度（名詞と動詞）の指示で行動でき、別の児童は絵カードを見せることで行動できたとします。この場合、指示の形態と児童の反応を観察したから児童生徒の特徴の理解につながるのです。すると、明日は別の視点から、児童生徒の興味・関心を理解するために、どのような視点で観察をしたらよいかを考えることができます。

1〜2日目	・学校生活の流れを理解するために時間を意識して動く ・児童生徒の特徴を理解するために児童の反応を観察する
3〜5日目	・児童生徒の理解を深めるために観察した支援を実践する ・略案をもとに授業を行い、指示や教材について考察する
6〜8日目	・課題点を改善し、児童にわかりやすい教材を考察する ・課題点を改善し、児童が主体的に動ける授業を考察する
9〜10日目	・研究授業を実施し、授業改善のPDCAサイクル（第2章35ページ参照）を振り返る ・実習全体を振り返り、教員に向けて必要な資質を発見する

図5-3　実習期間における目標の観点の例

4 参観記録

　参観記録は、実習校の教員が実習生にお手本として授業を公開する示範授業において行います。参観記録の形式に決まったものはありませんが、①教員の指導の工夫、②児童生徒の学びの過程という2つの観点を記録すると授業づくりに活かせるでしょう。教員の指導の工夫には、授業における学習の目標、学習環境、教材・教具、指導の展開、指導方法があります。児童生徒の学びの過程には、学びの意欲、集中の持続、学びの内容、学びの連続性、学びへの障壁があります。詳細を表5-3に記しました。

　なお、可能であれば、授業者である教員から参観の事前・事後に指導を受けましょう。事前に、授業の目標や参観位置、個別の指導計画との関連等を聴取することで参観のポイントが明確になります。事後に、示範授業に関する質問をすることで、授業者の意図を共有できるでしょう。

表5-3　授業参観における記録事項

観点		記録事項
教員の指導の工夫	目標	授業における目標を記録します。可能であれば、個別の指導計画との関連を指導教員に教えてもらいましょう。
	環境	特別支援学校では、教科の学習や自立活動において座席配置や児童生徒の動線、チーム・ティーチングの位置が異なります。環境構成を図で記録しましょう。
	教材	授業の目標を達成するために準備された教材・教具を記録します。児童生徒にとって読みやすい文字・イラストの大きさ、手順の工程数等を記録しましょう。
	展開	導入・展開・まとめといった授業の流れを記します。各活動の時間を記すことで児童生徒が集中を持続できる時間の目安を把握できます。
	方法	教員の指示の仕方や見本の提示方法、一人ひとりの特性に応じた支援の仕方、児童生徒への称賛や行動修正の促し方等を記録として残します。
児童生徒の学びの過程	意欲	授業への興味・関心、学びの意欲を記します。視線や表情、姿勢、発言、動作等から総合的に意欲を読み取りましょう。
	持続	指導の展開に応じて、どの程度集中を持続できるかを記しましょう。研究授業を計画する際、情報入力・思考・出力といった学習時間を検討できるでしょう。
	内容	資質・能力の3つの柱（「知識及び技能」「思考力、判断力、表現力等」「学びに向かう力、人間性等」）に基づき、学びの内容を記録しましょう。
	連続	参観授業時の学びの内容に必要な既習事項、次の段階に展開できる学習内容、地域社会における学びへの接続について、考察したことを記しましょう。
	障壁	目標を達成するうえで児童生徒がつまずいた内容を記します。つまずきの原因を考察することで、研究授業の指導案に一人ひとりへの支援を計画できるでしょう。

実習日誌における教員とのやりとり

1 実習日誌の提出

　授業時間中や放課後、実習生は教員から指導を受けることがありますが、時間は限られています。限られた時間のなかでも、教員は、実習生がどのような学びの過程をたどっているのかを把握したうえで、実習生の学びにつながる指導をしたいと考えています。そこで指導教員と実習生にとって、学びの共有ツールとなります。

　そのため、基本的には日々の記録を毎日、指導教員に提出します。多くの実習校では、実習時間に記録の時間を計画しています。実習時間内に記録を仕上げるために、実習中はこまめにメモを記入しましょう。その日の目標に応じて、観察の視点を定め、メモの項目を作成しておくと、児童生徒とのかかわりを妨げることなく、メモできるでしょう。

2 指導教員からの指導

　特別支援学校では、複数の教員で指導にあたっているため、日によっては別の教員から指導講評を受けることがあります。時には、異なる観点から指導をいただくことがあるでしょう。例えば、全体指示の後の個別指示が遅くなってしまったという反省に対して、A教員から"児童生徒のその後の様子を見ると適当なタイミングでした"と講評を受け、B教員からは"子どもの様子に応じて個別指示を出せるとよいですね"と講評を受けたとします。この時、実習生としては2つの指導に戸惑いを感じるかもしれません。研究授業を実施した後の協議会では、複数の指導から授業改善を図っていきます。大切なことは、指導の意図を解釈し、実習生なりに授業改善を図ることです。指導の背景にある教員の意図を解釈し、検討した結果を教員に伝え、相互にやりとりをすることで実習が一層、充実するでしょう。

　都道府県が作成する人材育成指標では、中堅教員に求められる姿として、初任者の指導を設けています。実習生へ日誌をとおして指導することは、指導教員にとっても人材育成の学びの機会となるのです。さらに、中堅教員になるにつれて、教職経験は豊かになるものの、研修機会や研修時間は限られます。実習生への指導は、新たな知識や考え方にふれることのできる貴重な機会でもあるのです。指導していただく謙虚な気持ちは大切ですが、指導いただくことに負い目を感じず、積極的に質問し、学んだことを記録に残しましょう。

研究授業と学習指導案　第 6 章

1 | 特別支援学校の学習指導要領のポイント

　授業を構築する上では、文部科学省が定める**学習指導要領**の内容を踏まえる必要があることは、すでにご存じかと思います。本節では、学習指導案を作成する上でチェックしておきたい学習指導要領のポイントについて確認していきましょう。

　現行の学習指導要領は表6-1のように公示され、順次、完全実施となっています。

表6-1　現行の学習指導要領

	公示	完全実施
○小学校・中学校学習指導要領 ○特別支援学校小学部・中学部学習指導要領	平成２９年４月	小学校、小学部 令和２年４月 中学校、中学部 令和３年４月
○高等学校学習指導要領 ○特別支援学校高等部学習指導要領	平成３１年２月	令和４年４月

　今回の学習指導要領は、これまでのものと大きく異なるところがいくつかあります。

　まず、第1に「前文」があることです。「学校教育の目的は何か」「これからの時代の学校教育に求められているのは何か」「学習指導要領の役割は何か」といったことが明確に述べられています。1ページと数行の文章なので、ぜひ目をとおし、そこに述べられていることを理解しましょう。

　第2に、今回の学習指導要領は児童生徒が「何ができるようになるか」を重視し、その観点で記述されていることです。

　例えば、特別支援学校での「生活単元学習」の授業を構想する際、これまでは「7月になるから、次の単元は"七夕（たなばた）"にしよう、まず七夕飾りを作ろう、織姫と彦星のパネルシアターをやろう……」といった発想で単元や授業を組み立て始めることがありました。5月は"こいのぼり"、10月は"ハロウィン"、2月は"節分・豆まき"といった発想です。

　しかし、今回の学習指導要領の理念をふまえると、「7月だから、"七夕"にしよう」ではなく、その授業・その単元に参加する児童生徒が「何ができるようになるのか」を第1に考えなければなりません。「何ができるようになるか」を明確に構想し、それを実現するために「何を学ぶか」（具体的な題材、教材を何にするか）を検討することになります。季節感のある題材を取り上げること自体は悪くありませんが、「季節の行事、先にありき」ではないということです。

　このことは、学習指導案を作成する際にも留意しなければなりません。この単元・この授業で「何ができるようになるか」学習指導案でも明確に記述しましょう。そのことを各

教員が共通理解して授業に臨むことによって、チームワーク力が発揮され、各々の場面でより適切な支援・指導ができるようになります。特別支援学校では様々な実態の児童生徒が学んでいます。この単元・この授業で「何ができるようになるか」も、児童生徒によって異なります。学習指導案には、その学級全体としての「何ができるようになるか」と、児童生徒一人ひとりの「何ができるようになるか」の両方を記述してください。

　児童生徒一人ひとりについて、「何ができるようになるか」を明確に想定するのは簡単ではありません。また、実際の授業で必ずしもそれが達成できるとは限りません。しかし、まずこれを明確に想定し、学習指導案に記述して授業に臨み、うまくいかなかったところは修正して次の授業の準備をする、という流れが重要です。

　「何ができるようになるか」の目安となるのが、学習指導要領の「各教科」等に書かれている内容です。児童生徒の実態や課題と学習指導要領の記述を何度も照らし合わせながら、一人ひとりの、そして、その学級の「何ができるようになるか」を考えていきましょう。

　第3に、今回の学習指導要領が重視しているのは「どのように学ぶか」という観点です。

「何ができるようになるか」

「何を学ぶか」 ──────────── 「どのように学ぶか」

　ここでキーワードとなるのが**「主体的・対話的で深い学び」**です。その概要は下記のとおりです。教員が一方的に講義する等児童生徒にとって受け身の学びではなく、「児童生徒自体が積極的に活動しながら学べる仕掛けをつくる」ということです。部分的には、従来型の授業でも実現できていることがありますが、これからは、さらに表6-2の観点を意識して、授業づくりを進めていく必要があります。

　今、「主体的・対話的で深い学び」の観点が強調されることには理由があります。これからの社会は、今まで以上に変化の激しい社会、想定を超えた事態に直面する可能性がある社会、1つの「正解」がない社会です。そんな社会の中で生き生きと暮らし、力強く社会を支えていく人になるには、今までのように、一方的に教えられた「正解」を知っているだけでは十分ではありません。まったく新しい事態に遭遇した時も右往左往せず、不十分でも自身がすでにわかっていることや経験知を総動員して、他者ともねばり強く対話し、その時々の「納得解」を見出し、少しずつ前に進んでいく、さらに新たな課題が出てきたら勇気をもって再検討する、そういった力が必要です。

　こうした力は、今の大人たちも十分にもっているわけではありません。簡単に育成できるものでもないでしょう。しかし、学校教育の場において、それぞれの授業者が意識的に取り組むことによって、指導のノウハウや新たな教材等の知見も蓄積され、児童生徒にも変容が見られていくはずです。教育実習段階の研究授業に、こうしたことを十分に盛り込

むのは簡単ではありませんが、ぜひ、意識して学習指導案作り、授業準備に臨んでください。

表6-2　3つの学びの観点

主体的な学び	学ぶことに興味や関心を持ち、自己のキャリア形成の方向性と関連付けながら、見通しを持って粘り強く取り組み、自己の学習活動を振り返って次の学びにつなげる。 ○興味・関心を持って学習に取り組む。 ○この授業で何を学ぶのかについて、見通しを持って取り組む。 ○この授業で何を学習したのかを振り返る。
対話的な学び	児童生徒同士の協働、教職員や地域の人との対話、先哲の考え方を手がかりに考えること等を通じ、自己の考えを広げ深める。 ○友だちや教員との対話的な活動の中で、新たなことに気づいたり、わかったりする。
深い学び	習得・活用・探究という学びの過程の中で、各教科等の特質に応じた「見方・考え方」を働かせながら、知識及び技能を相互に関連付けてより深く理解したり、情報を精査して考えを形成したり、問題を見出して解決策を考えたり、思いや考えを基に創造したりすることに向かう。 ○新たな事態に直面した時も、すでにわかっていることや他の授業で学んだことを総動員（教科横断的な視点）して立ち向かい、課題解決に取り組む。 ○新たな「問い」に気づく、新たな「問い」を立てる。

※文部科学省説明資料より（ただし、下線部は筆者）

研究授業の準備

①配属学級の指導教員との相談

1) 日程や教科・単元等の調整

　教育実習の実施にあたっては、事前に実習校で配属学級の指導教員との打ち合わせがあります。その際に、研究授業の教科・単元等や日時について、ある程度、実習生の希望を踏まえて調整してもらえる場合もあります。一方、オリエンテーションの段階では実習期間までかなり間があり、その時点では決められなかったり調整が難しかったりすることがあります。また、教育実習は学校の通常授業が行われている中で実施されるので、事前に調整したとしても、学校の事情で変更や再調整となる場合もあります。状況に合わせて柔軟に対応しましょう。

2) 授業場所、その授業にかかわる教職員、活用できる教材等の確認

　研究授業を行う場所（普通教室、特別教室、体育館、グラウンド等）やその授業にかかわる教員の人数と顔ぶれ、活用できる教材（既存の教材、大型の教材、視聴覚教材、ICT機器等）を確認し、学習指導案の作成に活かします。

3) 実習期間のスケジュール確認

　研究授業までの準備スケジュールだけでなく、実習期間中の日々の動きについて、十分に打ち合わせをしましょう。はっきりしないこと、わからないことについては、そのままにせず、早め早めに確認するようにしましょう。

②児童生徒の実態把握と信頼関係づくり

1) 児童生徒と実際にかかわる中での実態把握

　特別支援学校では実習が始まると、児童生徒の登校時から下校時まで、授業以外の時間にも様々な場面で児童生徒一人ひとりとかかわる機会があります。人なつっこい児童、警戒心の強い児童、引っ込み思案な生徒等、特別支援学校には様々な児童生徒がいます。初めから「自閉スペクトラム症の○○さん」「ダウン症の△△さん」のようにその児童生徒の障害名や先入観にとらわれるのではなく、「小１の○○さん」「中２の△△さん」に出会う気持ちで一人ひとりの児童生徒とかかわってみましょう（※詳細な方法は第４章・第２節参照）。その中で感じたことや疑問に思ったことを 2)、3) で確認します。

2）「個別の教育支援計画」「個別の指導計画」からの情報収集

　特別支援学校では、児童生徒一人ひとりについて「個別の教育支援計画」「個別の指導計画」が作成されています。児童生徒の障害の状態や特性、保護者の思い、特別な教育的ニーズ等が記載されているので、閲覧させてもらいましょう。

3）各担任からの情報収集

　児童生徒と実際にかかわってみて感じたことや対応に困ったこと等を、それぞれの学級担任の教員に話してみましょう。各担任の教員は児童生徒に関する様々な情報（得意なこと、苦手なこと、好きなこと、かかわり方のコツ等）をたくさんもっています。積極的に相談し、情報を収集しましょう。

③ 学習指導案の作成

　次節にて、学習指導案の記入例（知的障害・中学部）を示します。これまで示した作成上のポイントを解説していますので、確認していきましょう。

④ 教材の準備

　学校にある既存の教材を十分に確認し、活用できるものは積極的に活用します。特に、大型の教材（大型絵本、パネルシアター関連等）や視聴覚教材、ICT 機器等、特別支援学校には豊富な教材があります。児童生徒にとっても、普段から使っている見慣れた教材は取り組みやすいものです。

⑤ 授業者間の打ち合わせ

　学習指導案の完成は研究授業の直前になってしまうことがあります。その授業にかかわる教員には作成途中の学習指導案を提示して、早めに打ち合わせをしましょう。そこで、色々なアドバイスがもらえます。それを学習指導案に反映させることができます。

⑥ そのほか

　どのように記録を残すか（ビデオに録画する等）、指導教員と確認し、必要な機器の準備をしておきましょう。

学習指導案の書き方

学習指導案（例）知的障害特別支援学校（中学部）

中学部○年○組　生活単元学習　学習指導案

日　時　令和○○年○月○日（○曜日）
第○時　○○：○○〜○○：○○
場　所　○年○組教室
授業者　○○　○○（T1）　○○　○○（T2）

1　単元名「冬支度（ふゆじたく）」

2　単元設定の理由

> 授業の目標にかかわる「児童生徒の実態・様相」を記す部分です。今回の授業にかかわる児童生徒のよいところ、できている部分と、課題となる点を記載します。

(1)　生徒観

　本学級は6人の生徒で構成されており、自閉スペクトラム症との診断がある生徒、診断はないが自閉スペクトラム症の特性がうかがわれる生徒、ダウン症の生徒がいる。どの生徒も、基本的な生活習慣は身に付いており、衣食住に関しておおむね自分のことは自分でできる。一方、様々な場面で教員の指示を待っていることが多く、自分から気づいたり、考えたりして行動することが少ない。また、学校生活や日常生活での会話はできるが、まだ全般的に語彙が少ない生徒たちである。

> 児童生徒が「何ができるようになるか」につながるように、教員が単元の中で何をねらいとするかを明示しましょう。

(2)　単元観

　本学級の生徒たちは天気や気温の変化に応じて、自分で判断して衣服を調節することなどが得意ではない。「急に寒くなった日も、今までと同様の服装（薄着）で登校する」「冷たい北風の日に何も羽織らず、半袖のまま屋外に出る」等のことが見受けられる。

　中学生として、秋から冬に向け、この時期にかかわる語句を知るとともに、どのような準備をしたらよいのかを理解し、服装等については自分で準備できるようになってほしい。冬の訪れがわかり、気温の変化や風の冷たさを感じて、自分でそれに応じた衣服等が着用できるようになってほしいと考え、本単元を設定した。

　本単元の内容は、特別支援学校中学部学習指導要領第2款「知的障害者である生徒に対する教育を行う特別支援学校」における下記の各教科及び自立活動の「内容」と関連付けている。

・「国語」1段階〔知識及び技能〕ア（ア）
・「理科」2段階　A生命　イ　季節と生物
　　　　　　　　B地球・自然　イ　天気の様子

> 授業（単元）の目標が、特別支援学校学習指導要領に掲載されている内容と関連づけられていることを示します。学習指導要領の該当部分を記載します。

・「音楽」共通教材「冬げしき」

・「保健体育」１段階　Ｈ保健　イ

・「職業・家庭」１段階　家庭分野　Ｂ衣食住の生活　ウ　衣服の着用と手入れ

エ　快適な住まい方（イ）

・「自立活動」１　健康の保持

（3）指導観

> 「どのように指導し、どのように授業を展開するか」を記します。児童生徒が「主体的」「意欲的」に参加するための工夫を考えましょう。

　各自が冬に向けて必要なもの（衣服、衣料小物、等）を考え、自宅から一つずつ持ち寄って発表し合う学習活動を取り入れた。このことが「自ら考える」「家の人と相談する」機会となればと考えている。

> 児童生徒が「どのように学ぶか」ということを明示します。

　また、タブレット端末を活用し、自分自身で調べる学習を行うとともに、調べたことを口頭発表だけでなくタブレット端末の画面を大型モニタに映してお互いに説明し合う機会を作る。また、学習場面や発表場面等を、適宜、タブレットで録画し、授業の終わりに映像で見ながら振り返りを行うようにする。このように ICT 機器を活用することで、生徒たちの「主体的な学び」「対話的な学び」を促す。

3　生徒の実態

> 授業の目標や進行にかかわる個々の実態を記述します。特に右欄は、単元の目標にかかわる実態をピンポイントに記述します。

氏名（記号）	生活全般の実態	単元（題材・主題）に関する実態
A	生真面目で、係活動や教員から指示されたことは正確に取り組むことができる。	天候や気温の変化に応じて自分で衣服の調整をするのは苦手だが、指示されるとできる。
B	人なつっこく、誰にでも、ものおじせずに話しかけることができる。	おしゃべりは好きだが、日常生活にかかわることについての語彙がまだ少ない。
C	・・・	・・・
D	・・・	・・・
E	・・・	・・・
F	・・・	・・・

4　単元の目標

「季節の行事先にありき」ではなく、児童生徒が「何ができるようになるか」を書きます。ここでは、「秋から冬にかけての語句」「冬に向けた適切な服装の選択」が学びのテーマです。

(1) 共通目標

① 秋から冬にかけての時期に関わる語句（「木枯らし」「小春日和」等）を知る。

② 冬に向けた衣服等の準備ができ、天候や気温に合わせて、適切な服装等で登校することができる。

授業における個々の目標を記述します。左欄は、3「児童生徒の実態」の右欄と記述を合わせましょう。

(2) 個人目標

氏名 (記号)	単元（題材・主題）に関する目標	個別の指導計画に記載されている目標
A	天候や気温の変化を意識し、自分で衣服等の調整をしようとする。	日常生活で、指示されなくても自分で判断してできることを増やす。
B	冬や冬の生活にかかわる語彙を増やす。	日常生活で必要な語彙（聞いて理解できる）を増やす。
C	・・・	・・・
D	・・・	・・・
E	・・・	・・・
F	・・・	・・・

5　指導計画

	活動内容	授業時数
1	冬について知ろう ・冬はどんな季節なのかを知る ・冬にかかわる言葉を知る（木枯らし、小春日和、等）	2時間
2	冬に向けて必要なものを考えよう （衣服、衣料小物、その他）	2時間（本時　1／2）
3	冬の生活で気をつけることを考えよう （手洗い、室内の換気・加湿、等）	1時間

6 主体的・対話的で深い学びの実現に向けた授業改善の視点

・「主体的な学び」の観点から

　タブレットを活用し、各自で調べ学習を行わせたり、録画した学習活動を視聴しながら振り返りを行ったりする。

・「対話的な学び」の観点から

　友だちの発表を聞き、不明な点や不足している点について、質問・意見を出す場面を設定する。

> 2（3）「指導観」を踏まえ、改めて児童生徒が「主体的・対話的で深い学び」」を実現するための工夫について整理し記述します。表6-1を参照しましょう。

・「深い学び」の観点から

　衣服や衣料小物以外にも、冬の生活で必要なものがあるかどうか、また、それはなぜ必要なのか、について考えさせる場面を設定する。

7 本時の構成

(1) 本時の目標

	本時に関する目標
共通目標	・冬の生活に必要な衣服や衣料小物とその名称を知る。　　　　　（知識及び技能） ・天候や気温の変化に気づき、教員や家族等に指示されなくてもそれに合わせた服装ができる。　　　　　　　　　　　　　　　（思考力、判断力、表現力） ・冬支度（冬の服装、等）について、友だち同士で足りないところを指摘し合うことができる。　　　　　　　　　　　　　　（学びに向かう力、人間性、等）
A	・天候や気温の変化に合わせた服装が何か、がわかる。 ・自ら、天候や気温の変化に合わせた服装にしようとする意欲をもつ。
B	・冬の生活に必要な衣服や衣料小物とその名称を知る。
C	・・・
D	・・・
E	・・・
F	・・・

(2) 展開

特別支援学校は、チームティーチングとなります。メインティーチャー（T1）のほか、サブティーチャー（T2）の動きも別途記述する必要があれば、記述していきます。

時間	学習活動	指導・支援の手立て及び指導上の留意点 （○支援、◎評価の観点）	備考 （教材等）
導入 （5分）	・あいさつをする ・前時をふりかえる ・今日学ぶことを聞く	○全員が席に座り、T1に視線を向けてから、授業を始める。 ○1～2名の生徒を指名し、前時の学習について覚えていることを答えてもらう。 ○「前時の学習内容」シートをホワイトボードに提示する。 ◎前時の学習について、キーワード等が答えられたか。 ○「今日のめあて」「今日の学習内容」シートをホワイトボードに提示する。 各学習活動の中で、児童生徒の目標につながる行動が生じたかどうか、評価するための観点を記します。	掲示用シート ・前時の学習内容 ・本時の「めあて」 ・本時の「学習内容」
展開1 （5分）	学習活動① ・秋から冬にかけての季節にかかわる歌を歌う	○「音楽」共通教材の『冬げしき』を歌う。 　この曲の歌詞には古典的な語句も多いが、本時はそのうち「小春日和（こはるびより）」を取り上げ、読みがなと意味を確認する。 ◎「小春日和」の読みがなと意味がわかったか。	歌詞シート
展開2 （20分）	学習活動② ・冬に必要なもの（衣服、等）を紹介し合う	・順番に、各自が用意してきたものを紹介する。 「これは手袋です」 「冬は手が冷たくなるので手袋をつけます」 ○発表者以外の生徒に、質問するように促す。 ・各自、紹介されたものの名称と発表者の名前をワークシートに記入する。 ◎適切な質問ができたか。また、それに応答できたか。	ワークシート タブレット
展開3 （10分）	学習活動③ ・②で紹介されたもの以外で必要なものを考える	○6人の生徒が紹介したもの以外で、冬に必要なものがあるかどうか考えさせ、発表させる。 ○意見が出ない場合、T1が用意してきたものを2つ紹介する。 「これは○○です、△△のために使います」 ・各自、新たに紹介されたものの名称をワークシートに記入する。 ◎授業者が新たに紹介したものについても、その名称や用途等がわかったか。	ワークシート
まとめ （10分）	・今日、学習したことを振り返る ・次回のことを聞く ・あいさつをする	○タブレットに録画した各生徒の発表場面を大型モニタに映し、今日の学習を振り返る。 ○次回の学習内容を説明する。 ○全員がT1に視線を向けるのを待って、あいさつをする。	タブレット 大型モニタ 「次回の学習内容」シート

8　本時の評価

4（2）「個人目標」で設定した個々の目標の達成状況をどのように評価するか、評価の基準を記述します。

(1) 生徒の学習評価

A	・天候や気温の変化に合わせた服装が何かがわかり、自分でそれを準備しようとする意見が言えたか。
B	・冬の生活に必要な衣服や衣料小物とその名称を知り、実物を見てその名称を答えることができたか。
C	・・・
D	・・・
E	・・・
F	・・・

(2) 授業者の指導の評価

① 授業構成（指導手順、時間配当、指導形態、等）について
・生徒一人ひとりの発表と質疑について、十分な時間を確保できたか。
・生徒たちの中に自分で衣服等の調整をしようとする機運を高めることができたか。
② 授業者による支援（環境設定、教材教具の工夫、等）について
・ホワイトボードに提示するシートは、見てわかりやすいものだったか。
・ワークシートは、生徒たちが記入しやすいものだったか。
・タブレットは適切に活用できたか。

9　備考

(1) 教室内の配置図

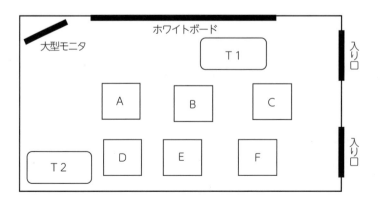

（2）板書計画（ホワイトボード）

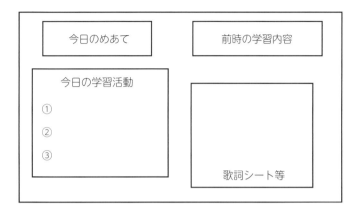

| 今日のめあて | 前時の学習内容 |

今日の学習活動

①
②
③

歌詞シート等

（3）準備するもの、教材、等

　掲示用シート、ワークシート（生徒記入用）、タブレット、大型モニタ

　冬に必要なもの（手袋、耳当て、ネックウォーマー等の衣料小物、2～3点）

学習指導案作成にあたって留意したいこと

・特別支援学校で学習指導案を作成する場合、普段からの児童生徒の実態、個別の指導計画に基づく目標、これまで実施してきた授業の流れなどの情報が必要になります。そのため、実習生だけで指導案のすべての項目を記述することはできません。指導教員とよく話し合い、指導案を作成していきましょう。

・実習生は特に、研究授業当日に行う「本時の構成」を記述できるようにしましょう。細かな部分を記述できることよりも、指導教員からの助言・指導、そして自分自身が児童生徒とかかわって得た情報を照合して、児童生徒の実態について自分のイメージをもつことが大切です。

・児童生徒の実態に即した目標をたて、自分が授業で何をしたいのか、授業の軸をしっかり決めましょう。このことを踏まえ、自分が行う研究授業で児童生徒が「何を学ぶか」、「どのように学ぶか」、その結果「何ができるようになるのか」を整理していきましょう。

ワーク 考えてみましょう

・これまでの学びを振り返りましょう。次の指導案を読み、大事なポイント
  を確認してみましょう。

学習指導案（例）肢体不自由特別支援学校（小学部）

小学部5年○組（重複障害学級）教科別の指導「国語」学習指導案
（知的障害特別支援学校の教育課程に準じた教育課程）

日　時　令和○○年○月○日（○曜日）
第○時　○○：○○〜○○：○○
場　所　5年○組教室
授業者　○○　○○（T1）　○○　○○（T2）

1　単元名「年賀状（ねんがじょう）を出そう」

2　単元設定の理由

(1) 児童観

　本学級は3人の児童で構成されており、どの児童にも脳性マヒによる四肢体幹機能障害と併せて、知的障害がある。そのため、知的障害特別支援学校の教育課程に準じた教育課程で学んでいる。このうち、2人は専用のバギーを利用、1人は電動車いすを利用している。3人とも明るく社交的な性格で、教員に対して様々な意思表示をしてくる。好奇心も旺盛である。ただ、現段階では発語は不明瞭で語彙も限られているため、どうしても断片的なやりとりとなっている。また、授業で個別に指名し、回答や発言を求められると緊張が高まり、スムーズな意思表示がむずかしくなることがある。お互いを十分に意識しているが、児童同士での対話はあまり活発ではない。

　日々の授業は、学習内容によって、バギーや車いすに乗ったまま学習する場合、クッションチェアに座って学習する場合、フロアに降りて学習する場合がある。自力でのバギーや車いすの乗降はむずかしく、全面的な介助が必要である。ひらがなは理解しているが、上肢及び手先・指先等にそれぞれマヒがあるため、鉛筆やペン等での書字はむずかしい。

(2) 単元観

　好奇心旺盛な児童たちだが、日々の生活は学校と放課後等デイサービス事業所、家庭に限られており、まだ生活世界は広くない。彼らの生活世界を少しずつ広げ、より多様な

人々との出会いの機会を創ることで、コミュニケーションの力を高めることができるはずである。そこで、新年を前にして、普段は顔を合わせることがない方に年賀状を出してみることによって、より広い視野をもたせ、相手に自分の近況や気持ちを伝える経験をさせたいと考えた。年賀状を出し、年明けに相手からお返事をいただくことによって、双方向的なコミュニケーションの楽しさや意義を実感することができる。その達成感が「もっと話したい、書きたい」というさらなる学びへの意欲につながるものと考えている。

　本単元の内容は、特別支援学校小学部学習指導要領第2款「知的障害者である生徒に対する教育を行う特別支援学校」における「国語」及び「自立活動」の以下の内容と関連付けて計画している。

・「国語」2段階〔知識及び技能〕イ（ウ）
　　　　　　　　　〔思考力、判断力、表現力〕Bイ
・「自立活動」3　人間関係の形成　5　身体の動き　6　コミュニケーション

(3) 指導観

　本学級の児童は、年賀状自体は見たことがあると思われる。しかし、それが「いつ頃、どんなふうに、どんな趣旨で出されているのか」については、まだよくわかっていない。また、自分自身が年賀状を出した経験はなく、それをもらった時にどんな気持ちになるかの経験もない。本単元で、「年賀状を出す」「お返事をいただく」経験をすることによって、「伝える」「伝わる」「応答がある」ことの意義や喜びを実感させたい。

　現段階では、スムーズな書字はむずかしい児童たちなので、自筆での書字は「自分の名前」または「おめでとう」「しんねん」「○○どし（干支）」等に絞る。メッセージについては「本人の発言を聞き取って教員がワープロで記述する」等の対応を考えている。個々の児童の実態によっては、タブレットや各種入力装置の活用も検討する。

　まずは、じっくり時間をかけて年賀状について学び、1枚の年賀状を完成させ、投函することによって、児童一人ひとりの生活世界を広げていく機会としたい。

3　児童の実態

氏名 （記号）	生活全般の実態	単元（題材・主題）に関する実態
A	身の回りの様々なことに関心があり、大人の話もよく聞いているが、自分から発言することは少ない。	年賀状についての興味関心はあるが、自分自身で書く・描くことにはあまり積極的ではない。
B	・・・	・・・
C	・・・	・・・

4　単元の目標

(1) 共通目標

①　年賀状について知り、誰にどんな思いを込めて送りたいか考えることができる。

②　実際に年賀状を作成して、投函し、お返事をいただくことで他者とのやりとりの意義を実感することができる。

(2) 個人目標

氏名 （記号）	単元（題材・主題）に関する目標	個別の指導計画に 記載されている目標
A	相手に伝えたいことを具体的にイメージして、年賀状を作成する。	自分の気持ちや意見を自信をもって発信する。
B	・・・	・・・
C	・・・	・・・

5　指導計画

	活動内容	授業時数
1	年賀状について知ろう ・実際の年賀状を見る ・年賀状の意味や出す時期を知る ・年賀状を出したい人、書くことを考える	1 時間
2	年賀状を作成しよう ・デザインを考え、下地を作成する 　（絵または模様を描く、色を塗る） ・文字を書く	2 時間（本時　1／2）
3	年賀状を投函しよう ・作成した年賀状を紹介し合い、誰に出すのか発表する ・学校近くの郵便ポストに行って、投函する	1 時間
4	いただいたお返事を紹介し合おう ・お返事をいただいた時の気持ちを発表する ・手紙などで自分のことを伝える、相手からのメッセージを受け取ることの大切さを知る。	1 時間 ※年明けに実施

6 主体的・対話的で深い学びの実現に向けた授業改善の視点

・「主体的な学び」の観点から

　実際の年賀状の例を見せることで、「自分はこんな年賀状を作りたい」という意欲を喚起させる。

・「対話的な学び」の観点から

　友だちの考え（年賀状を誰に出したいか、等）発表を聞き、友だちが作成する年賀状を見て、自分はどのような年賀状を誰に出したいのかを考えさせる。

・「深い学び」の観点から

　年賀状以外にも、他者に自分のことを伝える機会や方法があることを考えさせる。
（入学・進級・卒業のあいさつ、暑中見舞い、日常的なメール、等）

7 本時の構成

(1) 本時の目標

	本時に関する目標
共通目標	・絵の具と画筆を使い、年賀状の下地（絵または模様）を描く。 （知識及び技能） ・作成している年賀状で相手に何を伝えたいのか、を考える。 （思考力、判断力、表現力） ・友だちの作品（年賀状）を見て、自分の作品に工夫を加えてみる。 （学びに向かう力、人間性、等）
A	自分で主体的に「絵の具の色を選ぶ」「混色する」「画筆で描く」。
B	・・・
C	・・・

(2) 展開

時間	学習活動	指導・支援の手立て及び指導上の留意点 （○支援、◎評価の観点）	備考 （教材等）
導入 （5分）	・あいさつをする	○全員がT1に視線を向けてから、授業を始める。	掲示用シート
	・前時の学習をふりかえる	○1名の児童を指名し、「年賀状はいつ出すか」など、前時に学んだことを答えてもらう。 ◎前時の学習について、キーワード等が答えられたか。 ○「誰に年賀状を出すことに決めたか」について、一人ひとりに発表してもらう。	・前時の学習内容 ・本時の「めあて」
	・今日、やることを聞く	○「今日のめあて」「今日の学習内容」シートをホワイトボードに提示する。	・本時の「学習内容」
展開1 （10分）	学習活動① ・手指、腕の体操	○T1・T2は、声をかけながら、児童A～Cの手指や手のひら、腕に触れる。 ○手指は無理に動かすのではなく、小指から順に、児童自身がそれぞれの手指を意識できるようにじんわりと触れる。 ○肩・ひじ・手等にTの手を当て、ゆっくり腕を動かす。	
展開2 （20分）	学習活動② ・はがきに下地を描く（色を塗る） ※下地は、干支などの絵でも抽象的な模様でもよい	○干支やお正月にまつわるもの（お餅など）の写真等を紹介しながら、どんな絵や模様を描くか、児童と話し合う。 ○児童一人ひとりの手指・腕の実態に合わせて、無理のないように画筆を持たせ、必要に応じて手を添えて支援する。 ○絵の具はチューブから出したものをそのまま使うのではなく、児童と対話しながら、適宜、混色する。 ◎各児童が、主体的にのびのびと絵や模様を描く（色を塗る）ことができたか。	干支やお正月関連の写真 水彩絵の具 画筆 パレット
まとめ （10分）	・各自の年賀状（作業途中）を紹介する	○T1・T2は、それぞれの作品についてコメントを加え過ぎないようにする。	見本のはがき 筆ペン
	・次回の学習内容（筆ペンで字を書く）を聞く	○次回の学習内容（筆ペンで字を書く）を説明する。 ○T1は、見本のはがきに「おめでとう」と書いて見せる。	
	・あいさつをする	○全員がT1に視線を向けるのを待って、あいさつをする。	

8　本時の評価

（1）児童の学習評価

A	・主体的に「絵の具の色を選ぶ」「混色する」「画筆で描く」等の活動ができたか。
B	・・・
C	・・・

（2）授業者の指導の評価

① 授業構成（指導手順、時間配当、指導形態、等）について

　・「学習活動①」と「学習活動②」の時間配分は適切だったか。

　　（創作活動に十分な時間が確保できたか、等）

　・教材（絵の具、画筆、等）の準備は適切だったか。

② 授業者による支援（環境設定、教材教具の工夫、等）について

　・児童一人ひとりの活動を、それぞれの身体の状態をふまえて適切に支援できたか。

9　備考

※　教室内の配置図、板書計画、準備するもの、教材、等を記載する。

4

　研究授業を実践した後、事後にその研究授業についての「研究協議」の場が設定されます。教育実習における研究協議の主な目的は、授業を見てもらった先生方から感想や意見をもらい、それをよりよい授業づくりにつなげていくことです。そこには、一緒に研究授業を行った先生、同学年の先生、研究授業を参観した先生、教務主任、教頭、校長などが参加します。実習生にとってはとても緊張する場ですが、貴重なアドバイスをいただける機会なので、目的意識をもって意欲的に参加してください。

① 授業者としてのコメントを述べる

　多くの場合、研究協議のはじめに、授業者（実習生）としてのコメントを述べる時間があります。ここでは、下記のことについて簡潔に発表できるように準備をしておきましょう。

・研究授業の準備や実践に協力してくれた先生方、研究授業を参観してくれた先生方へのお礼
・研究授業を行うにあたり、自分として特に意識したこと、工夫したこと
・「うまくできた」こと、「うまくいかなかった」こと
・研究協議で、特にアドバイスや感想をいただきたいこと
・研究授業全体をとおしての感想

　　協議のポイントを絞りましょう。助言してほしいことをできるだけ明確に示しておくと、短時間で有意義な研究協議となります

② アドバイスを真摯に受け止める

　授業に参加した先生方、授業を参観した先生方からは、多様な感想やアドバイスがいただけます。中には、かなり厳しい言い方をする先生がいるかもしれません。しかし、そのどれもが貴重なものです。教育実習生として真摯に受け止め、自身の力にしていきましょう。その際、下記のことに留意してください。

・記録（メモ）をとる。
・感想やアドバイスの内容だけでなく、その先生がどんな
　「視点」「観点」でお話しているのか、に注目して聞く。

＊実習後、養成校の事後指導の中で、研究協議で頂いた助言やコメントを踏まえた研究授業の振り返りが行われます。報告書の形でまとめたり、次年度実習に参加する後輩に向けた報告会で発表することがありますので、ここでのメモはとても大事です！

③ 最後にしっかりとお礼の言葉を述べる

研究協議の最後には、あらためて皆さんへのお礼を忘れないようにしましょう。

④ 研究協議後にも個別にアドバイスを受ける

研究協議の時間は限られています。終了後、もし可能であれば、一緒に授業を行った先生や同学年の先生方、管理職の先生等から個別にアドバイスを受けてみてください。学校の日常はとても慌ただしいものですが、相手の迷惑にならないよう、どのタイミングで質問したらよいか見極めるのも実習時の貴重な体験です。

埼玉県の「支援籍学習」

　平成15年1月、埼玉県の土屋義彦知事（当時）は、障害のある児童生徒の多くが1時間も2時間もスクールバスに乗り、地元から遠く離れた盲・ろう・養護学校に通学している状況は問題だとし、地元の小学校や中学校にも籍を置く必要があるという『二重学籍』の考え方を打ち出しました。この知事の考えを実現させるべく、埼玉県教育委員会特別支援教育課には企画担当が設けられ、具体的な仕組みに向けた検討が進められました。その結果生まれたのが、**「支援籍」**という学籍管理の仕組みです。

　当時、この仕組みの検討を託されたのは、東洋大学教授の宮﨑英憲氏（当時）を座長とする埼玉県特別支援教育振興協議会でした。協議会では、知事からの諮問を受け検討を重ね、平成15年11月10日に『ノーマライゼーションの理念に基づく教育の推進』という答申を行いました。そして、次のような考え方が示されました。

○これまで障害のある児童生徒に係る教育は、その障害の種類や程度に応じた適切な教育を行うため、盲・ろう・養護学校や特殊学級等における教育の充実を図ることにより進められてきた。

○今後は、こうした現行の就学制度の下での学級編制等の基本は維持しつつも、児童生徒の「心のバリアフリー」を育む教育の推進や社会で自立できる自信と力を育む教育の充実のため、学校（学級）の枠を柔軟にする新たな学籍管理が必要である。

○盲・ろう・養護学校と小中学校の児童生徒による現行の交流教育を、「心のバリアフリー」を育む観点から発展させ、ほかの学校の児童生徒でなく自分の学校の児童生徒として交流することが必要であり、そのためには学籍管理を工夫することが効果的であると考えられる。

○また、小中学校の通常の学級や特殊学級に在籍しながらも、学籍管理を工夫することにより、盲・ろう・養護学校で社会的自立につながる教育を受けることも可能となる。

○こうした学籍管理を工夫するための新たな学籍として**「支援籍（仮称）」**の創設が必要である。

○「支援籍（仮称）」とは、学級編制の基礎となる学籍とは異なり、障害のある児童生徒や特別な教育的支援を必要とする児童生徒が、個別の教育支援計画に基づき、在籍する学校（学級）の外に、児童生徒の教育的ニーズに応じた学校（学級）においてノーマライゼーションの理念に基づく学習を可能な限り実現するための学籍である。

　　　　　　　　　　　　　※「特殊教育」「養護学校」とは当時の呼称となります

この答申では次の3つの「支援籍」が提案され、その後全県で取り組まれていくことになります。おわかりのように、埼玉県における「支援籍」とは、交流及び共同学習の視点だけでなく、発達障害を含め障害のある児童生徒、特別な支援を必要とする児童生徒に対するより専門的な指導や支援の提供といった視点を含んだ、極めてフレキシブルな学籍管理の仕組みなのです。つまり支援籍制度の上での「交流及び共同学習」は、特別支援学校・学級の児童生徒は通常の学級にとって「お客さん」ではなく、いつでも望めば一緒に学ぶ友人であり、それができるのは「当たり前」である、ということを強調するものです。ただ、その中で、「共に学ぶ」ことの意味については、これまでの障害のある児童生徒との実践から推進している我々は次のような考えをもっていました。

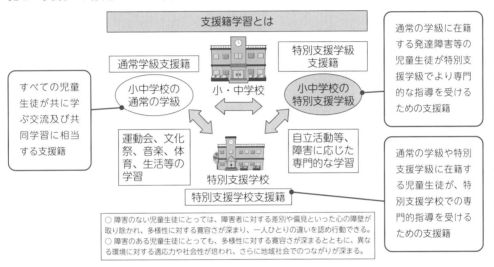

　人とやりとりするというのは、やりとりする相手の、言葉だけではない表情とか、仕草の変化、また、言葉の抑揚や間のとり方等、表出されるあらゆる要素を総合して受け止めることです。そして、気づき、思考し、理解して表出させていくといったプロセスにほかなりません。こうした人とのやりとりのできるスキル、コミュニケーション能力というものは、障害のある児童生徒一人ひとりと真剣に向き合い、彼ら彼女らが表現していることを理解しようと努力してかかわることで、着実に育まれるものだと考えています。また、私たちが物事を理解しようとする時、時に自らの感情を抑え、時に自らのものの見方や考え方を置いておいて、相手の話に気持ちを向けていく努力をしますが、こうしたスキルも、障害のある児童生徒一人ひとりと真剣に向き合うことで、着実に育まれるものです。つまり、コミュニケーション能力を向上させ、学びに向かう力を育むためにも、「共に学ぶ」ことは極めて重要だと捉えています。

　今多くの学校で「交流及び共同学習」が実践されています。しかしそこでの交流は、障害のある児童生徒と通常の学級の児童生徒とを「ただ引き会わせているだけ」になっていないでしょうか。交流の場を作るだけでは、かえってぎくしゃくし、互いに"気を遣う場"になってしまうでしょう。"共に学ぶ"場を作るのは、そこを設定する教員、そして学校全体に、その意味と意義を的確にとらえ実践する志が重要なのです。

事後指導編

教育実習の振り返りと進路選択

第 3 部

教育実習後の手続きと
振り返り

第 7 章

お礼状の送付

教育実習は、教育現場にとっても、次世代の教員を育成するための大事な活動です。しかし現場の先生方は、日々の業務をこなしながら、皆さんの実習日誌や指導案の添削、研究授業の指導、相談や質問への対応等に多くの時間を割いてくださっています。こうしたご指導をいただけるのは当たり前のことではありません。この大変な労力も、実習生の皆さんが教育現場に魅力を感じ、障害のある児童生徒に貢献できる人材になってほしいと願う、先生方のご厚意なのです。お礼状を書くことは、そうした先生方のお気持ちに応える上でとても大事なことです。

実習校の先生方は、この教育実習が皆さんにとってどのような経験になったのか、ということを気にかけてくださっています。文面や書式を正しく記述することも大事ですが、一般的な見本や手本にとらわれず、自分自身の言葉を使って素直な気持ちを伝えましょう。実習を終えた後だからこそ感じる思い、体験談を交えた振り返り等、ご指導くださった先生だからこそ伝わる内容になるよう心がけましょう。

Q．お礼状は誰に送ればよいですか？

実習校の校長先生と、配属学級の指導教員それぞれにお出しします。実習生の受け入れについて、その指導に負担がかかる中、先生方を説得して受け入れる努力をして下さっているのは校長先生です。こうした現場のご尽力があることを踏まえてお礼を述べるようにしましょう。

Q．いつ送ればよいですか？

教育実習が終了したら、なるべく早いうちにお礼状を出しましょう。実習が終了した2週間以内には、先生の手元に届くことを目指しましょう。

Q．使用する紙や便箋はどんなものがよいですか？

一般的にお礼状を書く場合には、絵柄や色の入っていない白い便箋を使います。

Q．ほかに気をつける点はありますか？

必ず下書きしましょう。下書きしたものを声に出して読んでみて、自分で文章や誤字のチェックを行いましょう。そして必ず先生のお名前の字が間違っていないかを何度も確認し、清書をしましょう。

校長先生宛

拝啓

　枯葉舞う季節となりましたが、○○校長先生や諸先生方におかれましてはいかがお過ごしでしょうか。

　教育実習期間中は、校長先生をはじめ、多くの先生方から熱心なご指導を頂き、大変お世話になりました。教育実習での学びは、これまで私が持っていた教育観を大きく変えるものであり、今後の自分の人生にとってかけがえのない経験であったことを今痛感しています。

　教育実習に参加するまでの私は、障害のある方や配慮を要する子どもたちに対して、「あらゆることに支援してなければいけない」と思っておりました。しかし、特別支援学校の先生方はその子どもが今できていることなどを的確に分析し、特別支援教育とは、「必要な配慮」を考えること以上に、子どもたちのもつ無限の可能性を信じることができるのだと感じました。また、自分の配属学級だけでなく、他学部の授業にも参加させていただき、援助があればできることなどを目の当たりにし、最小限の支援を行うことに注力されていました。これらのご指導を目の当たりにし、最小限の支援を行うことに注力されていました。私が体験させていただいたことは、特別支援指導することの重要性も学ぶことができました。短い実習期間中に経年的な視点をもって教育指導することの重要性も学ぶことができました。短い実習期間中に差様々な体験ができるよう、ご計画くださった先生方に、心から感謝しております。

　最後になりましたが、○○特別支援学校のこれからの発展と、在籍する子どもたち、先生方のご多幸を心よりお祈り申し上げます。私をご指導くださった○○先生にもどうかよろしくお伝えください。

敬具

令和○年○月○日

　　　　　○○大学　教育実習生　教聞　太郎

○○県立○○特別支援学校　校長　○○○○先生

誤字・脱字は必ずチェックしましょう。特に人名や学校名は間違いのないようしましょう。

配属学級の指導教員宛

拝啓

　次第に肌寒くなり、冬の到来を感じる昨今ですが、○○先生におかれましてはいかがお過ごしでしょうか。

　教育実習期間中は、学級の子どもたちへのかかわり方から研究授業の指導案作成に至るまで、細やかにご指導いただき、本当にありがとうございました。教育実習に参加させて頂くでは、言葉でのやりとりが難しい子どもたちと上手にかかわれるか不安でしたが、○○先生のご指導と子どもたちの明るさに救われながら、言葉を介さなくとも、互いの気持ちを感じたり想像しながらやりとりをすることができることを実感致しました。また、子ども一人ひとりに素晴らしい個性や課題があり、それらを踏まえながら1つの授業を作り上げていくこと、そうした子どもたちの姿に私自身も大きな喜びを感じ、特別支援教育の魅力を実感することができました。

　○○先生や○年○組の子どもたちに教えて頂いたことは、私が現場で働く上での大事なベースとなると思います。今後は教員になるために、日々努力を続けていく所存ですが、残りの学生生活の中で、特別支援学校のボランティアやインターンシップに参加し、さらに学びを深めていきたいと思っています。

　2学期も中盤を迎え、現在は文化祭に向けて、先生方もお忙しくされていることと思います。季節柄、くれぐれもお体には気を付けてお過ごしください。

敬具

令和○年○月○日

　　　　　○○大学　教育実習生　教聞　太郎

○○県立○○特別支援学校　○年○組担任　○○○○先生

2 教育実習の事後指導を受ける前に

1 事後指導のスケジュールの確認

　皆さんは、特別支援学校の教育実習における養成校での事後指導のスケジュールや内容を把握しているでしょうか？　またもしスケジュールや内容がまだ不明だとしても、それらがいつ明らかになるか知っているでしょうか？　事後指導は、教育実習で学んだことを振り返る絶好の機会であることは言うまでもありません。ただし、養成校によって、教育実習事後指導のカリキュラムは多様です。実習中に取り扱った題材や支援・指導方法について時間をかけて丁寧に指導してもらえる場合もあれば、限られた少ない時間でポイントを絞った事後指導を行い、それ以降は授業等をとおしてそれぞれで学ぶように勧められる場合もあります。また、教育実習期間前後に開講される授業がその機会として活用される場合もあるでしょう。どのような場合においても、事後指導に参加する前に、各自の「準備」が重要になります。

　まずは教育実習そのものに加え、事後指導のスケジュールと、そこで行われる活動内容やねらいを事前に把握することから始めましょう。養成校の実習指導教員または皆さんが話しやすい教員に相談してみてください。また、必ずしも正確な情報が得られるとは限りませんが、特別支援学校実習に参加した経験のある先輩に尋ねてみてもよいかもしれません。大切なことは、特別支援学校の教育実習に関連する事後指導の時期と内容をおおよそ把握し、どのような準備をすると事後指導がより充実した機会になるかを想定してしておくことです。

2 教育実習中の実践に対する具体的な振り返り

　教員にとって、実践の振り返りは必須であり、非常に重要な活動です。皆さんも、これまでの大学の授業やゼミ等で、様々な振り返りを行ってきていると思います。教育実習の事後指導における「準備」として重要なことの1つは、自分の教育実習経験について具体的な振り返りを行っておくことです。ここでは特別支援学校において比較的生じやすいと推測される「児童生徒への**個別の支援・指導場面**」を想定した例を紹介します。

　図7-1を見てみましょう。まず、実習生の皆さんにとって印象に残っている教育実習中に行った自分の支援・指導行動とその結果（児童生徒の反応）について具体的に記してみましょう。この際、特に実習生の支援・指導行動については、可能な限り「他者が真似できるよう具体的に」記しておくことが重要です。つまり、他者が見て、その技術や必要な教材さえあれば即座に再現できるように記すということです。例えば実習生が児童生徒にヒントを提示したのであれば、「ヒントを示した」ではなく、「選択肢を口頭で提示し

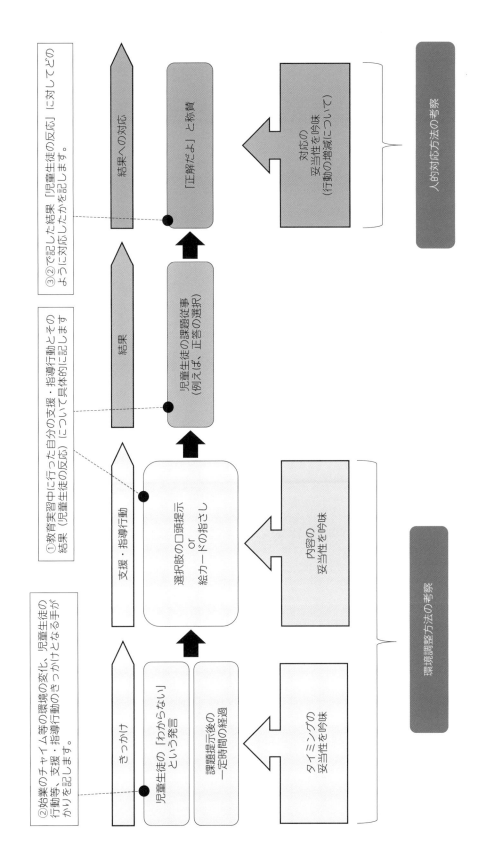

②始業のチャイム等の環境の変化、児童生徒の行動等、支援・指導行動のきっかけとなる手がかりを記します。

①教育実習中に行った自分の支援・指導行動とその結果（児童生徒の反応）について具体的に記します

③②で記した結果［児童生徒の反応］に対してどのように対応したかを記します。

きっかけ

児童生徒の［わからない］という発言

課題提示後の一定時間の経過

タイミングの妥当性を吟味

環境調整方法の考察

支援・指導行動

選択肢の口頭提示 or 絵カードの指さし

内容の妥当性を吟味

結果

児童生徒の課題従事（例えば、正答の選択）

［正解だよ］と称賛

対応の妥当性を吟味（行動の増減について）

人的対応方法の考察

結果への対応

図7-1　実践に対する具体的な振り返りと吟味のポイント

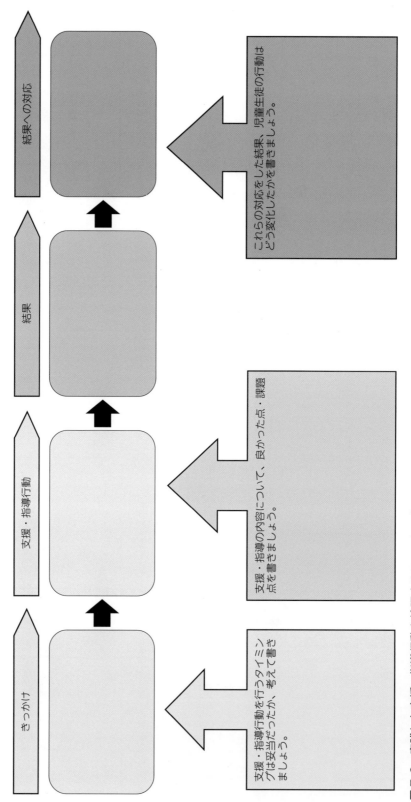

きっかけ

支援・指導行動

結果

結果への対応

支援・指導行動を行うタイミングは妥当だったか、考えて書きましょう。

支援・指導の内容について、良かった点・課題点を書きましょう。

これらの対応をした結果、児童生徒の行動はどう変化したかを書きましょう。

図7-2　実践した支援・指導行動を検証するワークシート

た」や「活動の手がかりになる写真や絵カードを指さした」等と記しましょう。後述しますが、これらの振り返りは、他者から評価されることでより学びが深まることになります。他者にわかりやすく具体的に記すことが重要です。

　次に、自身の支援・指導行動の直前のきっかけを記してみましょう。支援・指導行動のきっかけは、例えば、始業のチャイムや課題提示後の一定時間の経過等といった周囲環境の変化、あるいは「わからない」という発言等といった児童生徒の行動等、「何を手がかりにして支援・指導を行ったか」ということを明らかにして記しましょう。

　最後に、支援・指導の結果に対する対応は、直前の支援・指導行動の結果（児童生徒の反応）に対して実習生がどのように対応したかを表しています。

　ここまでで、どのようなタイミングで、特定の支援・指導をしたら、児童生徒はどのように反応し、それに対して私はどうしたのか、という実習生と児童生徒との1往復半のやりとりが抜き出されることになります。

　続いて、書き出した1往復半のやりとりを分析し、最初に記した自身の支援・指導行動の適切さや特徴を吟味してください。

　支援・指導行動については、児童生徒の反応と組み合わせてその内容の適切さ（当該の児童生徒にふさわしい内容であったかどうか）を、きっかけについては、支援のタイミングとしての適切さを検討してください。これらの検討は、児童生徒の特定の行動の自発（あるいは予防）を促す環境調整について考察していくことにつながります。結果への対応（児童生徒の反応に対する実習生の対応）については、児童生徒の反応に対して今後それらを増減させるような対応ができたかどうか、あるいはできたとしたらその内容が妥当かどうかを検討してください。この検討では、児童生徒の行動の頻度や強度の変化を調節するための（教員等による）支援について考察していくことにつながります。

ワーク　実践の振り返りをしましょう

図7-2を活用して、上記のような振り返りを複数回実施してみましょう。特定の支援方法が効果を発揮しやすい条件について、その場の環境や児童生徒の特性から理解を深めることができます。

※日録やビデオ映像等があれば、より正確で緻密な振り返りを行えるので、活用してみましょう。

3

事後指導時における学びのポイント

1 自分なりの振り返りとその成果や課題のまとめ

　前述した振り返りを自分なりに行い、その成果や課題についてまとめてから事後指導に臨むとよいでしょう。その際、前述したことを例えば図等にして整理し、そのどの部分について、どのように考えたのかを簡潔にまとめておくと伝えやすくなります。恐らく、事後指導の多くは、少人数でのグループ討論や大勢の前での発表等、ほかの実習生と実習経験を踏まえた気づきを話し合う機会が設定されていることが多いでしょう。また場合によっては、次年度教育実習に参加する後輩が同席する場合もあるでしょう。自身の成果や課題をわかりやすくまとめておくことは、ほかの実習生とスムーズに議論するうえでおおいに役に立つはずです。

2 ほかの実習生から学ぶ

　教員は、自身の実践とその振り返りに対してコメントをもらう機会や、ほかの教員の実践とその振り返りから自身を研鑽する機会がたくさんあります。事後指導においても、ほかの実習生からコメントを受け取る、ほかの実習生の振り返りを聞く等のチャンスがあります。ほかの実習生が示したコメントは、自分の実践を客観的に分析してくれる貴重な意見として記録し、必要に応じて今後の課題に組み入れましょう。また特に指定されていないのであれば、ほかの実習生の振り返りについても同じ方法で整理してみましょう。その際、その実習生に無理がなければ、支援・指導のタイミングや支援・指導の結果等について具体的になるよう質問してみてください。特に、自分の振り返りの成果と課題に関連があれば、ぜひ比較検討してみましょう。実践の経験が少ない実習生にとって、ほかの実習生の経験と自分の経験を比較しながら気づきを交換することは、自分が得た成果や課題の妥当性を検証する貴重な機会になるはずです。

3 得られた課題に取り組む具体的な予定を立てる

　ヒトは忘れる生き物です。教育実習の事後指導が終わってから学校現場で実際に実践を行うまでの間に、振り返りで得た成果や課題を忘れてしまうのは非常にもったいないことです。これを防ぐ意味でも、得られた課題に挑戦できる直近の機会を探し、具体的にいつ、どのように挑戦するか計画してください。特定の授業への参加や書籍の購読をとおして明らかになった課題に対する知識を得ることや、日常生活で関連する場面を想定し模擬

的に試してみる等、教育現場での実践でなくても構いません。重要なことは、何らかの形でブラッシュアップしようと試みることです。

事後指導をその後に活かすために

① ほかの教育実習機会や実践機会に活かす

　もしほかの校種（あるいは、別の特別支援学校）での教育実習機会が残っているのであれば、今回得られた成果と課題を活かせないか計画してみましょう。校種が異なれば、子どもの年齢や特性も大きく異なりますし、扱う教科や教材、あるいは授業のねらいも異なるでしょう。しかし、それらをこえて自分の実践における成果や課題を検討することは、少ない経験を効率的に活かす可能性を広げるとともに、これらの実習の差による児童生徒の捉え方や支援・指導の在り方の違いに気づく手がかりにもなります。またもし学校インターンシップやボランティアに参加できるチャンスがあるなら、これらにも応用できないか想定してみましょう。学校インターンシップは、参加学生に授業を実施させる機会を設定していない場合が多いので、試みを実践できないかもしれません。しかし、例えば「もし自分が目の前の事態で支援・指導を担当するなら」等、実践を想像するだけで十分意味があります。また、継続的にこれらに参加できるようであれば、例えば年間をとおした実践と児童生徒の変容等、教育実習にはない経験を得ることができるかもしれません。

② 教員採用試験に活かす

　教育実習で得た成果や課題とそれに至ったエピソードは、教員採用試験（例えば、願書や個人面接）における自己PRの具体的な根拠となり得ます。特に、教育実習という実践現場での経験から導きだされた自分の長所や課題は、新任教員として着任した時にも引き継がれる可能性が高いため、自分のキャリアを具体的に捉えていると解釈されるでしょう。また、教育実習の経験を丁寧に振り返り整理していることは、教員に求められるPDCAサイクルを養成段階で貪欲に実践している姿に映り、試験官に将来有望であると印象付ける可能性があります。試験官にとっては、使い古された教育のキーワードよりも、皆さんの初々しい経験とそこに注がれた情熱的で、かつ客観的な振り返りのほうが好意的に映るのではないでしょうか。

　特別支援学校の教育実習で得た経験を、どのくらい自分の知見（成果や課題）としてつなぎ止め、さらにそれを在学中にブラッシュアップするかは、最終的には皆さん自身にゆだねられています。

　現職教員になっても、特に特別支援教育の領域では、丁寧なPDCAサイクルが求められることを鑑みると、振り返る時間や振り返りを助けてくれる人々が豊富な学生時代に、振り返り方を習得し、その精度を磨いておくことが将来への大きな投資になるはずです。事後指導は、ぜひそういった機会として活用してください。

インクルーシブ教育に向けて

第 8 章

1

特別支援学校の実習経験を教育実践に活かす視点

① インクルーシブ教育の推進

　2006 年、国際連合の総会において「障害者の権利に関する条約」（略称：障害者権利条約）が採択され、2008 年に発効しました。我が国は障害者基本法改正や障害者総合支援法成立、障害者差別解消法成立等の国内法を整備し、2014 年に批准し効力を発しました。障害者権利条約では、障害を理由とする差別（合理的配慮の否定も含む）を禁止し、教育や労働等のあらゆる分野において障害者が参加し、包容されること、つまりインクルーシブな社会を促進しています。教育の権利については、障害者権利条約第 24 条に、以下のことが定められています。

（a）障害者が障害に基づいて一般的な教育制度から排除されないこと及び障害のある児童が障害に基づいて無償のかつ義務的な初等教育から又は中等教育から排除されないこと。

（b）障害者が、他の者との平等を基礎として、自己の生活する地域社会において、障害者を包容し、質が高く、かつ、無償の初等教育を享受することができること及び中等教育を享受することができること。

（c）個人に必要とされる合理的配慮が提供されること。

「障害者の権利に関する条約」より一部抜粋

② 連続性のある多様な学びの場

　インクルーシブ教育の解釈にあたっては、各国で異なっています。例えば、イタリアではフル・インクルーシブとして、原則的に障害のある児童生徒も通常の学級に在籍し、支援教師による指導やリソース教室における指導を受けています（コラム 2 を参照）。対照的に、ドイツでは障害のある児童生徒の多くは、基本的には特別学校において特別なカリキュラムを受けています。ドイツでは、教育権限は州にあるため州によって実状は異なりますが、ドイツ国内の 3 分岐型教育（近年では 2 分岐型）という教育制度が根底にあることも分離型の教育に影響しているでしょう。

　我が国では、先述の障害者権利条約第 24 条に記された「一般的な教育制度」について、特別支援学校等での教育も含むと解釈しています。つまり、通常の学校に加え、特別支援学校や登校が困難な児童生徒には訪問教育を学びの場として整備し、固定的なものではなく柔軟で連続性のあるものであるとしています。

交流及び共同学習

① 交流及び共同学習の意義

　交流及び共同学習は、障害のある児童生徒と障害のない児童生徒、あるいは地域住民とが触れ合い、共に活動することをさします。インクルーシブな社会を目指すうえで、障害の有無にかかわらず、すべての児童生徒にとって、「経験を深め、社会性を養い、豊かな人間性を育むとともに、お互いを尊重し合う大切さを学ぶ機会」（文部科学省，2019：交流及び共同学習ガイド）となることが期待されています。小学校や中学校、高等学校、特別支援学校の学習指導要領では、交流及び共同学習の機会を設けることが定められており、幼稚園や特別支援学校幼稚部の教育要領でも機会を設けるよう努めることとされています。

② 交流及び共同学習の形態

　幼稚園や小学校、中学校、高等学校等と特別支援学校、さらには地域資源も含めて、様々な形態で展開されています。表8-1に主な形態をまとめました。交流の場合は相互の触れ合いを通じて豊かな人間性を育むことを目的に、共同学習の場合は教科等のねらいの達成を目的とする側面がありますが、両者は相互に関連しています。児童生徒が直接、一緒に活動する直接交流と作品や手紙の交換、遠隔通信の活用等間接的にかかわる間接交流がありますが、両者を効果的に運用していくことが求められます。

　居住地校交流の具体例として「副次的な学籍」があります（コラム5を参照）。これは、特別支援学校に在籍する児童生徒が、居住地域の小学校、中学校等に副次的な学籍を置き、交流及び共同学習を推進しようとする制度です。自治体間で制度の有無や内容に差がありますが、インクルーシブな社会を目指すうえで、効果的な運用が期待されています。特別支援学校の実習経験では、居住地校交流をはじめ、様々な交流及び共同学習の形態を観察できると同時に、学校間の連携の在り方について学べることでしょう。

表 8-1　交流及び共同学習の形態と概要

形　態	概　要	具体例	ポイント
学校内交流	同一の学校内の通常の学級と特別支援学級の児童生徒が教科学習や学校行事において交流及び共同学習を実施する。	・資料（131 ～ 132 ページ）の知的・固定、情緒・固定を参照	・担任間の相互理解 ・効果的な活動計画 ・校内の支援体制
学校間交流	幼児教育施設、小学校、中学校、高等学校等と特別支援学校間の児童生徒が交流及び共同学習を実施する。	・資料（130 ページ）の幼稚部を参照 ・小学校音楽科での合同合奏発表会	・学校間の相互理解 ・教育課程で計画 ・事前事後指導
居住地校交流	特別支援学校の児童生徒が居住地域の小学校、中学校、高等学校等の児童生徒と交流及び共同学習を実施する。	・副次的な学籍 ・自己紹介や手紙をとおした間接交流	・健康状態を考慮 ・回数や内容等に関する十分な連携
地域社会交流	特別支援学校の児童生徒が近隣の地域住民、または小学校等の児童生徒が福祉施設の人と交流及び共同学習を実施する。	・高等部の作業学習を地域の施設で実施	・地域資源の発掘 ・組織間の連携

3

ユニバーサルデザインと個別的配慮

1 わかりやすい授業の展開

　障害の有無にかかわらず、すべての児童生徒が同じ教室で互いに学び合うためには、可能な限り多くの児童生徒にわかりやすい授業を追求することが必要になります。その 1 つの理念や方法論が**ユニバーサルデザイン**です。ユニバーサルデザインは、建築分野において、可能な限り誰にとっても使いやすいように意図されたデザインとして提唱されました。教育分野においても、可能な限りどの子にとってもわかる・できるように意図された授業デザインとして実践が広がっています。教科学習において、障害のある児童生徒は認知特性上、学習につまずきやすい傾向がありますが、障害のある児童生徒への配慮は、ほかの児童生徒にとっても、あると便利な配慮なのです。

② 困難さに応じた個別的配慮

　すべての児童生徒にわかりやすい授業を計画したとしても、個々の困難さに応じた配慮は欠かせません。例えば、多角的な視点から物事を考えるためにワークシートを用意したとします。ワークシートを用意することで、思考の視点は提供できたとしても、読み書きが困難な児童生徒はどちらにどのような考えの記入が求められているのか、自分の考えをどのように書き言語で表現したらよいのかにつまずきを示すでしょう。また、教員の意図の理解につまずきを示す児童生徒では、どのような考えを記載したらよいのかモデルの提示やキーワードとなる語句を強調する必要があるかもしれません。このように、一斉指導においては個々の困難さを把握したうえで個別の配慮が必要になるのです。小学校、中学校、高等学校の学習指導要領では、児童生徒の困難さに応じた配慮の例が明記されています。2008 年の学習指導要領解説では、総則編のみに障害種別に応じた指導の工夫の一例が記載されていました。しかし、同じ障害種別であっても学びの過程のつまずきは様々であり、発達障害の可能性のある児童生徒も通常の学級に在籍していることから、2017 年の学習指導要領解説では、各教科等の解説に、学びの過程において考えられる困難さに応じた配慮が示されました。

　以上、ユニバーサルデザインと個別的配慮の関係を整理すると図 8-1 のとおりになります。ユニバーサルデザインは、1st ステージの学級内での効果的な指導にあたり、児童生徒の困難さに応じて 2nd ステージの個別的配慮を検討します。

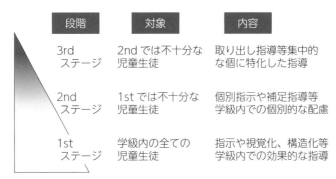

図 8-1　階層的な指導モデル
出典：国立特別支援教育総合研究所：多層指導モデル MIM http://forum.nise.go.jp/mim/?page_id=27
　　　（2021 年 10 月 31 日情報取得）を基に作成

教育は人なり

　「教育は人なり」、また、「子どもにとって最大の教育環境は教員自身である」といった言葉があります。つまり、教育の成否は、教員の資質能力に負うところが極めて大きいということです。

　ところで、この教員の資質能力とは何なのでしょうか。恐らく多くの人が、まずは教科等に関する専門的な知識や技能といったものを思い浮かべるのではないでしょうか。ただ、人を育てる職にあった者としては、何よりも大切なのは人をその気にさせるコミュニケーション能力であると言いたいのです。自分のことを例に出して申し訳ないのですが、障害のある子どもたち一人ひとりとかかわり、その子どもたちから教えられた大切な力とは、「良さを見極める」力であり、「些細な変化に気づける」力であり、そして、正に、子どもたちをその気にさせる「多様なコミュニケーション能力」でありました。

　これまでの特別支援教育（障害児教育）の歴史の中においても、障害のある子どもたちの成長発達には、その子どもたち一人ひとりと真剣に、そして誠実にやりとりをする教員の存在が重要であったと捉えています。もちろん、教材などの物的環境を整えることも大切ではありますが、生活単元学習や遊びの指導、作業学習や日常生活の指導といった各教科等を合わせた指導を編み出した先達は、教材を身近な生活の中から選定して準備しながらも、意図的、計画的な教員のやりとりにより、子ども同士の学び合いといった場面も創り出しながら、一人ひとりの可能性を最大限に引き出す努力を怠らなかったのです。

　また、肢体不自由のある子どもたちとのかかわりでは、言語的なやりとりだけでなく、身体を通したやりとり、つまり、表情や仕草の変化、また、呼吸や緊張といった身体の些細な変化を受け止めながらやりとりする、非言語的なコミュニケーションを大切にしました。その結果、その時々の子どもの気持ちに寄り添い、その気にさせるやりとりができ、子どもたち一人ひとりの可能性を最大限に発揮させることができたのです。

　特に、肢体不自由のある子どもとの非言語的なコミュニケーションの重要性については、子どもの成長発達プロセスにおける母子の相互関係性、生後間もない表出言葉のない乳児と母親の非言語的なコミュニケーションと同様に重要であると言えます。母親は、わが子の表情や仕草の些細な変化や泣き声や笑い声の変化といったものに対して言葉をもって応えます。わが子の気持ちをなぞるように言葉を添えながら応えます。大切なのは、表出されている言葉そのものではなく、気持ちをなぞるように表出（表現）している母親の動作であり、表出されている言葉の抑揚や間の取り方等の話し方であると言えます。子ど

もは、こうした母親のやりとりにより、言い過ぎかもしれないのですが、人間関係づくりの基礎、学びの基礎となる力を育んでいるのではないでしょうか。だからこそ、こうした母と子の関係性については、その後の子どもの成長発達に大きく影響するのではないかと考えています。

　もう一つ関係した話を紹介したいと思います。それは、当時の肢体不自由の養護学校での経験です。当時、我々教員チームは、極めて障害の重い、いわゆる寝たきりの重度の障害がある子どもたち5人の担任をしていました。我々は、教員一人ひとりが、その時々の子どもたちの表情や仕草などの変化をつぶさにとらえ、すべての教員が一人ひとりの子どもの支援者となるように互いにカバーしあいながら意識をもってかかわりました。結果、学習を終えたあとの彼ら彼女らは表情がとても豊かになり、子どもたちそれぞれが、ほかの仲間を 慮 るようなしぐさや表情をして我々のかかわりに応えるようになったという事実です。この事実は、障害がいくら重度であっても、子どもたちの関係性を意識した学習活動を進めることで、子どもたち一人ひとりの秘めた可能性を着実に伸ばすことができ、結果として、人との関係性に起因する、いわゆる社会性といったものを育てることができるということなのではないでしょうか。

　改めて、「教育は人なり」です。つまり、教育の成否は、教員自身のコミュニケーション能力にほかならないと考えています。子どもにとっての最大の教育環境は教員自身、教員が子どもたち一人ひとりをその気にさせることのできるコミュニケーション能力なのではないでしょうか。教員を志す皆さんには、是非とも、コミュニケーション能力を絶えず磨いてほしいと願っています。

現職者の先生からの
メッセージ

資　料

知的障害特別支援学校（幼稚部）

支援の対象となる幼児・児童

知的障害のある幼児（3歳児から5歳児まで）が通園をしています。知的障害特別支援学校で幼稚部を設置している学校は、全国でわずか十数校です。ことばや身体の動き等の発達に遅れのある幼児を対象に、日々の保育活動の中で、教育的な支援を行っています。

指導内容・実践

日常生活や遊び、課題別学習（自立活動）等の活動を通して、一人ひとりに応じた発達の支援をしています。日常生活や遊びの場面では、教員や友達と一緒に活動を経験する中で、他者に気づき、行為やことばで自分からかかわろうとする姿がみられます。また、課題別学習では、各幼児の課題に即して、小グループまたは個別で学習活動を行います。個別の指導計画に基づいて、目標や活動を設定し、身体の動かし方や、物の操作の仕方、他

者とのかかわり方等を学習します。上記のような保育場面や指導場面を通して、子どもたちの「できた！またやってみたい！」という気持ちを育むことを大切に考えています。

インクルーシブ教育に向けての取り組み

交流及び共同学習として、近隣の幼稚園等との交流活動を行っています。交流先の園児と本校の幼児とのかかわりがより深まるように、年間複数回の交流活動を計画しています。子どもたちがお互いの園で行っている遊びや歌を紹介することで、相互に伝え、伝えられる関係になれることを大切にしています。また、地域の皆さんに特別支援学校幼稚部のことを知っていただく活動の一つとして、子育てひろば「にこにこひろば」を定期的に開催しています。特別支援教育に関心のある親子が集まり、園庭や遊戯室で共に遊ぶことを通して、交流が深まっています。

教員を目指す学生へのメッセージ

子どもたちの「できた！またやってみたい！」という気持ちを育てるためには、苦手なことだけでなく、好きなことや得意なことにも目を向けることが大切だと思います。子どもたちの好きなこと、得意なことを一緒に見つけて、一緒に楽しめる先生は、とても素敵ですね。

小学校　知的障害特別支援学級

支援の対象となる児童生徒

知的発達の遅滞があり、他人との意思疎通に軽度の困難がある児童生徒が対象となります。また、抽象的な思考の困難から日常生活を営むのに一部支援が必要で、社会生活への適応が困難である程度の支援を必要とする児童生徒も対象となります。

指導内容・実践

知的学級の児童の国語は、語彙を増やし、生活の中で活用する能力を高めるために、体験を通して、言葉がもつ意味を理解することが重要であると考えています。イメージしたり、言葉を考えて表出したりすることが難しい児童へ、体験を伴いながら詩を作った国語の授業実践を紹介します。

国語「言葉を集めて詩を作ろう」の実践

指導計画

	時	学習内容
第一次	1 2 3	「いろいろな本を読もう」 絵本の読み聞かせを聞いて、言葉の読みや、音韻・旋律を味わう。
第二次	4 5	「言葉を集めよう」 くだものや動物、山や海等の自然、絵カードや写真を見て、自分の思いつくことを発表し合う。
第三次	6 7 8	「これはなんだろう」 ブラックボックス（中が見えない箱）の中の物を触ったり匂いをかいだりしながら、気が付いた言葉を発表し合い、詩をつくる。
第四次	9 10	「自分の詩を作ろう」 好きな題材を絵カードや写真から見つけ、考えた言葉を並べ、自分の作品として詩をつくる。

第三次では、ブラックボックスの中の物を触ったり匂いを嗅いだりしながら気が付いた言葉を発表し合い、その言葉を組み合わせ、詩をつくりました。児童は体験しながら思っ

たことを自由に発言し、教員は児童が発言する度に板書して、児童の発想や児童が発した言葉を文字化しました。

特別支援学級での学習支援は、児童の体験や生活の中での実感を基に、大切に授業づくりをすることが重要です。「生きてはたらく力」をつけるために工夫するのが特別支援学級の授業ですし、特別支援学級での支援のポイントです。

インクルーシブ教育に向けての取り組み

交流学級での学習においては、児童が学習に進んで参加し、達成感や充実感で自信につながるようなコーディネートが重要です。交流に送り出す前に、その児童の学習の土台つくりをするよう配慮しています。特別支援学級が自分たちの頑張りや取り組みを発信するということは重要です。

教員を目指す学生へのメッセージ

教員になる才能は、子どもを理解しようと考え、どうしたらもっとよくなるのかと夢中になれる力です。「子どもに寄り添う意識」が重要だと思います。私は自分自身が成長することが子どもの成長につながると信じ、これからも学び続ける教員として実践を続けていきます。

中学校　自閉症・情緒障害特別支援学級

支援の対象となる生徒

　自閉スペクトラム症やそれに類する障害、または、選択性緘黙等、他者との意思の疎通や対人関係、言動に課題が認められ、通常の学級での学習では十分に教育効果をあげることが困難であるとされる生徒が対象となります。

指導内容・実践

　教科学習については、通常の学級に準じた内容が求められます。しかし、得意なことと苦手なことに差が大きいという特徴をもつ生徒も多いため、学ぶ内容については、下学年の内容に置き換えるなどの個別化を図っています。そのため、年度の初めには、「個別指導計画」を作成し、一人ひとりの実態に応じたカリキュラムを考えます。また、特別支援学校の学習指導要領にある「自立活動」の指導を効果的に行い、社会生活を営む上での困難さを改善・克服する必要もあります。「自立活動」を計画する上で大切なことは、「自己理解」に基づく「自律」を目指すということです。「自立活動」の指導を行う際には、一人ひとりの実態を把握した上で、個別やグループ、集団活動等、計画的に実施するとともに、振り返りの時間を確保しています。活動はできるだけ生徒が主体的に取り組めるよう、興味関心のもてる楽しい活動を計画し、生徒が達成感を味わえるように工夫しています。

インクルーシブ教育に向けての取り組み

　交流及び共同学習を行うために、通常の学級の授業や行事に参加します。その際大切なことは、その時間の目標を明確にし、生徒と共有することです。また、その目標は通常の学級の教員とも校内委員会等の機会に共有します。「授業の内容を理解すること」が目標なのか、授業中、「わからないことを質問できること」が目標なのかでは、生徒の評価が大きく違ってくるからです。生徒の実態を把握し、適切で効果的な交流や共同学習を実施することが大切です。通常の学級の授業に参加することは、それだけで生徒にとって緊張場面となります。慣れるまではできるだけ担任が付き添い、必要なサポートが即時行えるようにします。交流及び共同学習では、日頃の学習成果を発揮する場としての機能があります。そのため、可能な限り失敗をさせない支援を心掛け、生徒に「できた」「できる」という成功体験を味わわせることで、自信を付けさせ、徐々に参加レベルを上げていくことが大切です。

教員を目指す学生へのメッセージ

　生徒が発する、自分や他者を傷つけたり、否定したりする言動には、どのような気持ちが隠されていると思いますか。今、目の前にいる生徒たちには過去があります。学校では見えづらい家庭の状況があります。教員を目指す皆さん、生徒の気持ちに寄り添える教員になるために、今から身の回りに起こる様々な事象の背景を想像することから始めてください。見えないものを見ようとする、言葉にならない声を聴こうとする姿勢を大切にして欲しいと思います。皆さんの温かい言葉や眼差しを生徒は待っています。

小学校　通級による指導

支援の対象となる児童

　通常の学級在籍の児童であり、概ね通常の学級の学習に参加ができている児童が対象です。また、学習場面や生活場面で一部分特別な支援を必要とし、就学支援委員会で週1時間から8時間の範囲内での指導が「生活の向上」につながる可能性が高いと判定された児童です。

指導内容・実践

　通級している児童の日常生活の場である家庭の豊かな生活、在籍校での学校生活がより充実したものになるよう個々の教育的ニーズに合わせた特別な自立活動を行っています。具体的な指導としては、「話す、書く」等の自分の意思を相手に伝える等の「自己表現方法の拡充」等です。また、自己のこだわり（固執性）の軽減や気持ちの切り替えの方法等「他者とのかかわり方や対応力の向上」等です。さらに、学校生活に必要な学習行動のルールや集団で生活する上で必要な社会的なマナーの理解等、在籍学級の適応を促すための指導も行っています。

　通級の担当教員は、児童本人への指導だけでなく、児童の課題となる部分のつまずきをアセスメントし、在籍学級や家庭へつまずきの原因分析や指導方針、指導の成果を的確に伝える力も必要です。そして何より、児童の一番の味方になり、本人の幸福を大事にした支援計画を立て、学級や家庭をつなぐ発信力が重要になります。

インクルーシブ教育に向けての取り組み

　児童の「個別の指導計画」を作成し、目標達成に迫るための評価会議を保護者、在籍学級、通級担当の三者で行っています。その年の短期目標に迫るために「学校」「通級」「家庭」がそれぞれ、どのように働きかけて児童に「できたという感覚」を育んでいくのかチームが協力して方策を練っています。また、通級を利用する児童本人が努力するだけではなく、本人にかかわる大人や教室環境が本人の教育的ニーズに合わせて変わっていくことが重要です。保護者や在籍学級の担任を対象に「本人の得意なことをどうやって活かしていくか」を促すために、具体的な支援内容や方法、配慮事項等を担任をはじめとした本人とかかわる支援者に提案しています。

教員を目指す学生へのメッセージ

　特別な教育的ニーズに対応できるスキルは、昨今の多岐に渡る児童や家庭での課題に対応できる力につながります。また、児童に対する多角的な見方や様々な支援の手法は、児童の「できた」につながり、児童にとっても教員にとっても大きな財産となります。是非、特別支援教育の学びを活かして、児童に寄り添う形で成長に手を添えていただけたらと願います。

中学校　通級による指導（特別支援教室）

支援の対象となる生徒

　学校生活を送る上で、なんらかの困り感をもっている生徒が対象です。知的障害がなく通常の学級に在籍し、学習の取り組み方に課題があったり、コミュニケーションに苦手意識があったりする生徒です。ニーズは生徒により様々です。

指導内容・実践

　通級を利用する生徒の課題は、生徒の数だけあると言っていいほど多様です。運動・学習・コミュニケーション、それぞれ得意とする子もいれば不得意な子もいて、様々な生徒が一つの場所に集っています。

　運動や姿勢の保持が苦手という場合はバランスボールで体幹を鍛えるような活動もします。学習に課題がある場合は、どんな学習方法が一番自分に合うのか実際に試しながら模索します。プリントの管理方法や提出物に向けての計画等を、一緒に考えることもあります。コミュニケーションに関しては、グループワークで、まず人が自分とは違う価値観をもつということを確認し、その上でどんな風に伝えればより伝わりやすいか、グループでの活動の後に個別に振り返ることもしています。

生徒が育てた植物

インクルーシブ教育に向けての取り組み

　インクルーシブ教育推進のためにはまず生徒を取り巻く大人たちとコミュニケーションをとり「その配慮は必要だ」「よし！一緒にやってみましょう」と思ってもらえるように働きかけをしなくてはいけません。階段に進行方向を示す矢印をつける、掲示物を黒板周りに貼らないようにする等日常に根づいた配慮は、実は普段の担任・保護者・特別支援教育コーディネーターとの会話の中から生まれたりもします。各校に配置されている専門員も、通常の学級・通級、双方の様子を見て生徒がどこに戸惑ったり困ったりしていたのか知る重要な情報を伝えてくれています。

教員を目指す学生へのメッセージ

　一枚布よりもパッチワークの方が丈夫です。若い時には「自力でなんとかしなきゃ」と思いがちですが、誰かの人生を本気で支えたい時、1人だけの力では不十分です。ほかの教員、保護者、関係機関としっかりと連携し、自分が色とりどりの端切れの1枚となり、生徒を支える丈夫な素地を作ってください。たくさんの人とともに、生徒のもつ力を信じてあげられる先生になってください。

高等学校　通級による指導

支援の対象となる生徒

　他者と社会的な関係を形成することが苦手な生徒、心理的要因で情緒が不安定になりがちな生徒が対象です。また、聞く、話す、読む、書く、及び計算する能力のうち特定のものが苦手な生徒、特性を起因とする間違いが多く、自己の感情や欲求をコントロールすることが苦手な生徒等が、通級による指導の対象となります。

指導内容・実践

　県立高校の通常の学級に在籍する生徒が、学習上又は生活上の困難を改善したり克服したりすることを目的として指導をしています。指導内容は、個別の教育支援計画と個別の指導計画を元に、生徒の実態に合わせた教材研究と授業展開を実施しています。本校では、自立活動6区分の中で、「人間関係の形成」「コミュニケーション」を中心に、ソーシャルスキルやライフスキルからレクリエーションや運動機能の改善までを、個別指導から小集団活動へ段階を経て、通常の学級で汎化できるように指導しています。また、進路の実現のために自己理解を深めさせ、自分の希望する将来等について考えるための対話的な取り組みもしています。

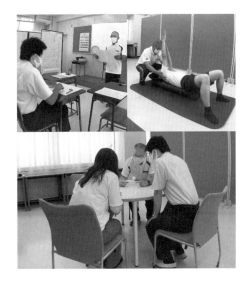

インクルーシブ教育に向けての取り組み

　生徒の現状について、情報を共有化しています。学級担任や保護者には、毎時間の指導内容や成果は連絡帳を用いて報告しています。定期的に教科担当者同士で打ち合わせを行い情報交換することで、課題点や問題点を取り上げ支援策の考案や成功例の提案を行い実践していきます。情報を共有化することで、通級を利用している生徒だけではなく、すべての生徒に共通した認識で指導できると考えています。また、ユニバーサルデザインの観点からすべての生徒がわかりやすいように授業展開や教材の創意工夫、教室等の環境整備も意識して取り組んでいます。

教員を目指す学生へのメッセージ

　教員は、生徒たちの人生にかかわる大事な仕事です。それ故に教育に対する情熱と使命をもち、生徒たちと一緒に夢や希望を語り合える教員を目指してください。生徒たちの成長は、何ものにも代え難い貴重な財産となります。未来の生徒たちは未来の教員が育てます。

小学校　特別支援教育コーディネーター

児童生徒の特別な教育ニーズを把握するために

友達付き合いが苦手、学習の理解に時間がかかる、整理整頓が難しい等、どの学級にも特別な配慮を要する児童生徒が在籍しています。担任として、気になる、困っていると感じている子どもは、実は子ども自身が困っている可能性があります。担任がそれぞれの子どもに合った支援を考え、安心して学習できる学級づくりを行えるよう、学校全体で支えることが大切です。

通常学級における特別支援教育のありかた

全体では、みんなにとって便利な支援を取り入れ、個別ではその児童が学習するために必要な支援を行っています。

全体	ユニバーサルデザインを取り入れた授業の発想を

・わかりやすいように指示を伝える。
　（見通しをもてるように黒板に指示を書いておく、短い言葉で伝える、静かな環境で話す等）
・集中しやすいように周囲の環境を整える。
　（黒板の周囲は、掲示物を少なくする、机の上を集中できるように整理整頓をする、座席を工夫する等）
・ヒントコーナーを作り、わからない時にみんなが聞けるようにする。
　（ヒントカードを更に前進させた発想を）
・学習が得意な子への課題も作っておき主体的な学習も支援

個別	子どもの困ったことに合わせた指導の工夫を

・写真カード等で個別にルールを確認する。
・手順表を使う等、学習活動への見通しを工夫する。
・個別に声かけをし、できた時に褒める。

特別支援教育コーディネーター

学校内の特別支援教育を推進する役割の教員です。配慮が必要な児童が在籍している担任の相談にのり、一緒に実態把握や支援方法を考えています。また、保護者との面談に同席したり、他機関と連携を図る等の支援をしたりしています。

インクルーシブ教育に向けての取り組み

障害の有無にかかわらず一人ひとりの可能性を最大限に伸ばすために、特別支援教育の視点をもった学習支援や学級運営、教科の専門性のバランスが大切です。支援は取り立てて特別ではなく、当たり前の「みんなへの支援」と捉えることで、個別支援をスムーズに受け止めることができる学級の雰囲気を作ることができます。教員が子どもに合わせた環境づくりを進めることで子ども達の考えや行動にも優しさが広がっていきます。お互いを認め合い、一人ひとりの違いを受け入れ、誰もが大切にされる学級が大切です。また、学校全体の特別な支援を要する児童への理解も重要だと思います。教育実習生や教職経験の少ない先生もコーディネーターとの連携を！

教員を目指す学生へのメッセージ

特別支援教育は、特別で難しいものとは考えずに、まずはやってみることが大切です。子どもからのメッセージを見逃さないようにどんなことをすると生活しやすくなるかを考えて実行してみましょう。周りの先生方に相談してみると子どもたちへのよりよい指導につながっていくことが多くあります。是非、悩んだ時には、話をしてみましょう！

おわりに

　いかがでしたでしょうか。特別支援教育に携わってみたくなりましたでしょうか。長いこと児童生徒にかかわってきた者として、できる限りわかりやすく特別支援教育の魅力をお伝えしてきたつもりです。
　さて、改めて、特別支援教育の理念です。

> 障害のある幼児児童生徒への教育にとどまらず、障害の有無やそのほかの個々の違いを認識しつつ様々な人々が生き生きと活躍できる共生社会の形成の基礎となるものであり、我が国の現在及び将来の社会にとって重要な意味をもっている

　特別支援教育とは、「我が国の現在及び将来の社会にとって重要な意味をもっている」教育なのです。特別支援学校にお勤めの先生方には、是非とも、自分たちの実践が今後の社会の在り様に大きく影響していくことになるのだという自覚をもっていただきたいと考えています。つまり、特別支援教育は今後の教育の在り方を変え得る存在になるということ、即ち、社会全体を変え得る存在になる可能性があるということについて、自覚していただきたいということです。言い過ぎではないかと思われている方も多いかもしれませんが、この特別支援教育の理念と言うのは、インクルーシブ教育システムの理念にほかなりません。このインクルーシブ教育システムの基本である「共に学ぶことを追求する」ことや、これまで培ってきた特別支援教育ならではの教育手法については、恐らく、今後、通常の教育の中で実践され成熟していくことで、先行き不透明な今後の社会の中で、地に足をつけてしっかり生き抜くための児童生徒の成長を、確実に支える教育となると確信しているからです。
　特別支援教育とは、社会の在り様を変えていく教育なのだと捉えています。中邑賢龍氏は、その著書『どの子も違う―才能を伸ばす子育て 潰す子育て』(2021 中公新書ラクレ)の中で、「真のダイバーシティへの理解とは、『隣にいる人との差異を理解し、その人を認めること』なのではないでしょうか。それができることで、本当の意味でのインクルージョンが実現できるはずです」と述べています。特別支援教育の価値を理解し、すべての教育現場で、当たり前のようにこの教育が実践されるようになれば、児童生徒一人ひとりが確実に輝きはじめるのだと考えています。

宇田川和久

引用・参考文献

【イントロダクション】

宮﨑英憲　編著（2017）教員をめざすあなたへ　特別支援学校のすべてがわかる．ジアース教育新社．

文部科学省（2019）特別支援教育の現状．

【第1章】

学校教育法第72条、第74条、第76条．

教育再生実行会議（2016）全ての子供たちの能力を伸ばし可能性を開花させる教育（第9次提言）．

京極高宣（2001）「この子らを世の光に」糸賀一雄の思想と生涯．　NHK出版．

文部科学省（2005）特別支援教育を推進するための制度の在り方について（答申）．

文部科学省（2006）特別支援教育の推進のための学校教育法等の一部改正について．

文部科学省（2007）特別支援教育の推進について（通知）．

文部科学省（2012）共生社会の形成に向けたインクルーシブ教育システム構築のための特別支援教育の推進．

文部科学省（2013）学校教育法施行令の一部改正について（通知）．

【第2章】

学校教育法第72条．

学校教育法施行規則第130条第2項．

文部科学省（2016）中央教育審議会教育課程部会特別支援教育部会（第6回）資料5　知的障害のある児童生徒のための各教科に関する資料．

文部科学省（2016）平成29・30・31年改訂学習指導要領（本文、解説）改訂のポイント「育成すべき資質・能力の三つの柱」．

文部科学省（2018）特別支援学校学習指導要領解説各教科等編（小学部・中学部）．

文部科学省（2018）特別支援学校教育要領・学習指導要領解説　総則編（幼稚部・小学部・中学部）．

文部科学省（2020）初めて通級による指導を担当する教師のためのガイド．p17．

国立特別支援教育総合研究所「個別の教育支援計画」の策定に関する実際的研究（平成16～17年度プロジェクト研究）p17．

柳本雄次・河合康（2019）特別支援教育第3版 ── 一人ひとりの教育的ニーズに応じて．福村出版．p190．

【第3章】

横浜市教育委員会（2021）教育実習サポートガイド【特別支援学校編】．

【第 6 章】

奈須正裕（2017）「資質・能力」と学びのメカニズム．東洋館出版社．

文部科学省（2017）新しい学習指導要領の考え方 – 中央教育審議会における議論から改訂そして
　実施へ –．

文部科学省（2017）特別支援学校幼稚部教育要領、小学部・中学部学習指導要領．

文部科学省（2018）特別支援学校教育要領・学習指導要領解説　総則編（幼稚部・小学部・中学
　部）

文部科学省（2019）特別支援学校高等部学習指導要領．

文部科学省（2020）主体的・対話的で深い学びの視点からの授業改善．

埼玉県教育委員会（2020）埼玉県特別支援教育教育課程編成要領（1）特別支援学校編【教育課
　程の編成】．

埼玉県教育委員会（2020）埼玉県特別支援教育教育課程編成要領（1）特別支援学校編【教育課
　程編成・指導計画作成のための資料】．

【第 8 章】

外務省（2014）障害者の権利に関する条約．

国立特別支援教育総合研究所：多層指導モデル MIM．http://forum.nise.go.jp/mim/?page_id=27
　（2021 年 10 月 31 日情報取得）

小貫悟・桂聖（2014）授業のユニバーサル入門　―どの子も楽しく「わかる・できる」授業のつ
　くり方―．東洋館出版社．

文部科学省（2019）交流及び共同学習ガイド（2019 年 3 月改訂）．

【コラム 6】

中邑賢龍（2021）「どの子も違う」才能を伸ばす子育て潰す子育て．中公新書ラクレ．

著者紹介

【編著者】

遠藤愛（えんどう・あい）イントロダクション／第4章／第7章1
現　　職：星美学園短期大学 幼児保育学科・准教授
担当科目：「特別支援教育実習」「自閉スペクトラム症者の支援」「特別支援教育総論」
経　　歴：臨床心理士・公認心理師として小・中・高等学校の巡回相談や教育相談を行い
　　　　　ながら、現職にて特別支援学校の教育実習の事前・事後指導に従事する。

宇田川和久（うだがわ・かずひさ）第1章／コラム1・2・5・6
現　　職：山村学園短期大学 子ども学科・教授
担当科目：「特別支援教育」「障がい児保育」「教育原理」など
経　　歴：埼玉県の養護学校教諭の現職経験を経て、川島ひばりが丘養護学校開設準備委
　　　　　員、総合教育センター指導主事、埼玉県教育局特別支援教育課課長、埼玉県立
　　　　　さいたま桜学園校長を歴任。

髙橋幸子（たかはし・さちこ）第2章
現　　職：國學院大学 人間開発学部 初等教育学科・教授
担当科目：「特別支援教育実習」「特別支援教育総論」「知的障害児の教育」など
経　　歴：前職は筑波大学附属大塚特別支援学校副校長。同校幼稚部において早期支援、
　　　　　子育て支援、保育者研修に取り組む。現在の研究課題は「私立大学における特
　　　　　別支援学校教員養成」「知的障害特別支援学校の授業づくり」。

【著者】

山口伸一郎（やまぐち・しんいちろう）第6章
現　　職：埼玉県立大宮北特別支援学校・校長
経　　歴：平成20～21年度、埼玉県立総合教育センター・指導主事として、当時の
　　　　　「埼玉県特別支援教育教育課程編成要領」の作成に関わる。現在は特別支援学
　　　　　校の校長として、教育実習生の学習指導案や研究授業の指導に携わる。

太田研（おおた・けん）第5章／第8章
現　　職：山梨県立大学 人間福祉学部・准教授
担当科目：「教育心理学（幼・小）」「学校インターンシップ（就学前）」など
経　　歴：星美学園短期大学・准教授を経て現職。特別支援学校コーディネーター研修
　　　　　や中堅教諭等資質向上研修の講師を担当しながら、養成から採用、研修までの
　　　　　連続的な教員養成に従事している。

栃金聡（とちがね・さとし）第3章1・4・7・8／第4章3・4
現　　職：埼玉県立本庄特別支援学校・教務主任
経　　歴：平成29〜30年度、埼玉県立総合教育センター・指導主事として、当時の「埼玉県特別支援教育教育課程編成要領」作成に関わる。現在は特別支援学校の主幹教諭として、教育実習生の研究授業の指導に携わる。

須藤邦彦（すとう・くにひこ）第7章2・3・4／コラム4
現　　職：山口大学 教育学部（特別支援教育講座）・准教授
担当科目：「特別支援教育実践論」「特別支援教育の心理アセスメント」「特別支援教育研究法」
経　　歴：専門家チームの一員として幼保・小・中・高の巡回相談や教育支援委員会委員の業務等を務めながら、現職にて特別支援学校の教育実習の事前・事後指導を担当する。

渡邉孝継（わたなべ・たかつぐ）第3章2・3・5・6／コラム3
現　　職：星美学園短期大学 幼児保育学科・専任講師
担当科目：「特別支援教育実習」「知的障害者の心理・生理・病理」「障害者教育総論」
経　　歴：臨床発達心理士・公認心理師として大学で発達障害児との臨床発達セッションを行いながら、現職にて特別支援学校の教育実習の事前・事後指導を担当する。

【現職者からのメッセージ】
若井広太郎（わかい・こうたろう）
現　　職：筑波大学附属大塚特別支援学校・幼稚部

伊村唯（いむら・ゆい）
現　　職：吉川市立美南小学校・特別支援学級（情緒学級）

鳥居夕子（とりい・ゆうこ）
現　　職：羽村市立松林小学校・校長

赤沢留美（あかざわ・るみ）
現　　職：吉川市立中曽根小学校・発達障害・情緒障害通級指導教室

鈴木久就（すずき・ひさなり）
現　　職：埼玉県立八潮南高校・通級指導教室

中島絵美（なかしま・えみ）
現　　職：吉川市立美南小学校・教諭（特別支援教育コーディネーター）

イラスト　沖はるか　　装丁　有泉武己

特別支援学校 教育実習ガイドブック

——インクルーシブ教育時代の教員養成を目指して　　©2022

2022年5月15日　初版第1刷発行

編著者　　遠藤愛・
　　　　　宇田川和久・髙橋幸子
発行者　　杉本哲也
発行所　　株式会社　学 苑 社
東京都千代田区富士見2−10−2
電話　　　03（3263）3817
FAX　　　03（3263）2410
振替　　　00100−7−177379
印刷・製本　藤原印刷株式会社

ISBN978-4-7614-0833-6　C3037